U0045458

天下文化　社會人文　GB361

台灣關鍵字

12個社會新動力

中國時報編輯部製作團隊
策畫・執行／調查採訪室

台灣社會近年來不斷注入新動力，並產生相對應的流行名詞與新文化。《台灣關鍵字：十二個社會新動力》代表十二個能夠彰顯當前台灣核心價值的關鍵字，整體呈現讓台灣建立自信、與眾不同的社會前進動能。

作者／中國時報編輯部調查採訪室
社長／王美玉
副社長兼總主筆／張景為
總編輯／王嶠奇
策畫／張瑞昌、何榮幸
執行小組／謝錦芳、張翠芬、江慧真、楊舒媚、林上祚、黃奕瀠、高有智

目錄

序文

引領台灣前進的十二個座標

張瑞昌

「看台客搖滾精神，如何衝撞三百年管弦樂傳統，創造最猛！最勁！現代台客搖滾交響樂！」我在台大溫州公園旁的一家咖啡店發現這張宣傳DM，一場名為「瘋搖滾．硬台灣」的音樂盛會，將於三月十八日躍上國家音樂廳的舞台。

演出的卡司很有意思，「台灣搖滾始祖」羅大佑和亂彈要挑戰古典，「跨界音樂天王」櫻井弘二將再現張雨生熱血經典，還有「陽光天使」Janet的提琴搖滾。廣告詞寫著「前所未見的超強組合，正港本土草根硬樂，鹿港小鎮、八家將尬上我的未來不是夢。」

這讓我想起「台灣關鍵字」中最先登場的「台客」，歌手陳昇說：「台客文化最好的例子就是『海角七號』，連日本人的角色都有，像大拼盤，好看、溫馨。」台客文化的核心元素就是混搭，絕對包容。一如學者陳建志為帽子歌后鳳飛飛下的註腳：「兼容並蓄、華麗大方的特質，就是台客文化的精神。」

這是一次奇妙的相遇，我從來都沒有預料到會在一年後與「台客」重逢，而我正為中時調查採訪室即將集結成冊的《台灣關鍵字》一書撰寫序文。

一年前，時任調查採訪室主任的何榮幸和我討論策畫「台灣關鍵字」的年度專題，心中勾勒的共同景象是找尋十二個能代表台灣社會變遷軌跡的代名詞。對同是五年級生的我們而言，從一九八七年解嚴後投入新聞工作至今，不僅曾經歷過街頭運動狂飆的年代，目擊各種社會力宛若猛虎出柙般流竄，也見證了一波波的民主轉型和媒體革命，深刻地體驗到台灣社會的蛻變與成長。

然而，解嚴後迸出蓬勃生命力的台灣社會，經過二十五年的淘洗後，又產生了哪些變化，並且從中淬鍊出什麼樣的新生力量？身為曾躬逢其盛的新聞工作者，我們渴望獲知答案，因而孕育製作「台灣關鍵字」這項專題的

初衷。

懷抱著這份初衷，在反覆交換意見的過程中，我們逐漸將十二個代表台灣的「關鍵字」定位為引領台灣前進的社會新動力。平心而論，當時頗有向一九七〇年代初期引起議論的〈台灣社會力分析〉一文效法之意，但在執行後，更有意義的卻是透過爬梳、整理出自解嚴以來帶領著台灣向上提升的群體價值和社會動能。

確切地說，那是深藏在台灣各個角落，並且在迭經政治、經濟、族群、文化等各種劇烈衝突後，卻依舊根深柢固、歷久不衰的民間社會力。

以「開講」為例，從早年的廟口抬槓、電台叩應到計程車司機、電視政論節目，人人皆是街頭評論家，「全民開講」的現象一直是言論自由突圍的象徵，解嚴後更是推動民主化的重要動力。其實，「開講」一詞呈現的即是台灣亂而有序的民主特質，而訴求「容忍比自由更重要」的價值在於期盼追尋一個多元、包容的民主未來。

又如背負著國族榮光的「紅不讓」，藉由趙士強、郭泰源、林華韋三位棒球名將的對談，讓我們重溫了三十年前令人難忘的世代記憶，那一場攸關洛杉磯奧運參賽資格的漢城亞錦賽，趙士強先是在對戰日本隊時的「再見漏接」，繼而又在加賽一役揮出「再見紅不讓」。在回首悲喜交加的球場故事之餘，我們將可發現集體情感的出口是如此接近，已然也是台灣能持續往前推進的重要動力。

「台灣關鍵字」以每個月月底刊載的方式，從二〇一二年三月起，至二〇一三年二月為止，在《中國時報》的焦點版面定期向讀者報到，這是調查採訪室「台灣系列」精神的延續和實踐。有些關鍵字望文生義，一目了然，比方說「好呷」展現台灣飲食之美，敘說的是濃濃的人情味；「保庇」探討民間信仰文化，彰顯的是宗教祭祀與庶民生活合而為一的台灣特色。

事實上，每個月設定的關鍵字之間也有著相當的關聯性。以「志工」來說，災難固然是驅動人心為善的關鍵，然而民間信仰與宗教團體毋寧也扮演舉足輕重的角色，從九二一大地震啟動的青年下鄉，催生了「志工台灣」之後，那種無償利己、回饋社會的隱性美德，也在台灣援助東日本大地震的驚人捐款中獲得印證。

「無米樂」與「MIT」是兩個看似迥異的關鍵字，但實則都是象徵認

真打拼、永不低頭的台灣人精神。在崑濱伯「雷光火照、向天奮鬥」的家訓中，我們看見台灣農民與土地的深厚連結；在上銀科技董事長卓永財拋下金飯碗、捲起袖子當黑手的故事裡，我們發現「吃苦當作吃補」原來始終是台灣人的ＤＮＡ。

按月催生十二個「台灣關鍵字」的過程很像是在黑夜中找尋星座，得經由辨識確認後再逐一將每顆星連結而成，有些星座耀眼，抬頭即可窺見，有些星座卻藏在繁星之中，難以尋覓。

代表兩岸交流的「給力」一詞的產出即是艱難，我們曾為此召開多次會議，最後才發現這句當紅的流行語最能體現兩岸交流對台灣社會的巨大影響。確認「快活」的座標亦是如此，我們原先發想是台灣醫療與公衛、健保，但後來卻有著眾裡尋他千百度的轉折，因為發覺「慢活」、「樂活」的觀念已漸入人心，甚且有蔚為現代生活主流的趨勢，取自台語問候的「快活」遂應運而生。

「那魯灣」和「台灣夢」兩個關鍵字，皆與族群融合有關，前者是原住民，後者是新移民。這是我們對具有移民性格的台灣社會最深切的期待，一方面，從歧視到認同，原住民曾經歷過深層傷痛，才能跨越族群藩籬，成就豐富飽滿的文化資產；二方面，如何面對迫在眉睫的新移民課題，也將是台灣走向多元、開放、包容、成熟之自由國度的最後一哩路。

我常覺得新聞工作猶如在暗夜中找路，而今《台灣關鍵字》一書的問世，同樣有著如斯深沉感受，所幸有每月主持對談的社長王美玉耐心引路，以及調查採訪室前後期夥伴賣力接棒，終於在二月底順利完成這為期一年的尋星之旅。

開講、志工、好呷、紅不讓、無米樂、快活、那魯灣、台客、ＭＩＴ、保庇、給力、台灣夢，十二個高懸於天空的星座，那是引領台灣不斷前進的十二個社會新動力，因為這些璀璨迷人的星光伴隨，讓我們深信一個「美麗台灣」的未來圖像已漸清晰了。

開講

多元民意談天說地
容忍比自由更重要

執筆／楊舒媚、江慧真、何榮幸、黃如萍、王銘義

「開講」典出《魏書》：「齊文襄王入相，於第開講，招延時俊，令景裕解所注易。」原文顯示「開講」意指「開堂講授經典」之意。

之後，「開講」在台灣由台語衍生出聊天、閒話家常之意。一九九三年，以call in現場連線形式播出的政論節目「2100全民開講」一炮而紅，接著「頭家來開講」、「廟埕開講」、「大家來開講」……台灣政論節目遍地「開講」，為「開講」添加了多元表達意見的意涵。

二〇〇二年「全民亂講」開播，成為政治模仿秀鼻祖，其後演變為「全民大悶鍋」、「全民最大黨」，不同階段皆頗受歡迎，被認為是民眾輕鬆看政治、抒發不滿情緒的重要管道。

「開講」由開堂講學原意擴充了閒嗑牙、議論的民意智慧，逐步成為台灣言論自由、多元民意的代名詞。

整理／楊舒媚

台灣民主發展被國際譽為成功故事，從計程車司機街頭評論、地下電台風潮，到政論節目call in及當前名嘴現象，人人都可「開講」大罵總統，充分展現了台灣的言論自由活力，讓華人社會及近年來台的陸客團羨慕不已，但是卻也出現了台灣言論自由氾濫的負面評價。台灣的言論自由會不會「太超過」呢？

資深媒體人江春男、王健壯，以及「全民最大黨」節目靈魂人物郭子乾、郤智源，深入剖析全民「開講」這股社會動力，希望讓「開講」更加提升品質、減少社會對立。

前仆後繼，爭取言論自由

江春男（筆名司馬文武）、王健壯同樣出身《中國時報》，也曾經共同創辦《新新聞》雜誌。江春男擔任黨外雜誌《八十年代》總編輯期間，跟專門查禁刊物的警總長期周旋，解嚴後則參與創辦多家媒體；《中國時報》前社長王健壯長期為文呼籲健全法制、爭取言論自由，同樣見證台灣從戒嚴走

專欄作家江春男（右起）、《中國時報》前社長王健壯「開講」台灣言論自由。（中時資料照片）

向民主的言論自由演變。

「戒嚴時期出現過一幅漫畫，畫了一根柱子高高地倒下來，然後地上燃了一團火焰。其實大家根本看不懂在畫什麼，可是立委卻拿去質詢，說是在『諷刺當今政府使民權主義倒在地上，人民生活得水深火熱』。」江春男笑說，台灣歷經全世界最長的戒嚴時期，「那個時代的問題，就是看到什麼都有問題。」

「言論自由到什麼程度，民主政治實質轉型就到什麼程度。」王健壯強調，言論自由

是台灣民主發展的象徵，從雷震的《自由中國》、六〇年代的《文星》、七〇年代的《大學》、八〇年代的黨外雜誌一脈相承，到了九〇年代還有廢除《刑法》一百條運動，「鄭南榕還因此自焚，這些民主前輩們都為爭取言論自由而付出代價。」

如今人人皆可罵總統，台灣言論自由還不夠嗎？江春男說：「現在不是沒有言論自由的問題，是有了言論自由後該怎麼做的問題。」

政論節目，各自拚場吶喊

江春男以政論節目為例表示：「因為收視率一掉就不行，於是就拚場，結果每個電視台自己變成一個小教堂，有猶太教、天主教、穆斯林，各種不同意識的教堂。電視小教堂平常喊喊愛與和平，在幾個關鍵議題上，如藍綠議題，則一定採對抗立場，挑動社會神經、造成社會分歧。」他說，套句中共為薄熙來事件定調的話，「性質嚴重，影響惡劣。」

近年媒體亂象頻生，王健壯說，有一次到馬來西亞參加研討會，一名聽

一九九〇年代，民眾陳情抗議，要求廢除《刑法》第一百條。（中時資料照片）

二〇一一年十月四日，多位被《集會遊行法》起訴人士前往立法院抗議，要求將《集會遊行法》許可制改為報備制。（中時資料照片）

眾問他：「台灣現在的言論自由會不會太氾濫了？」他當場回答：「言論自由沒有太多的問題，只有不夠的問題。」

「直到現在，台灣言論自由並未完全符合《憲法》明訂的精神，司法、國會、行政機關也仍未放棄威權時期的作為。」王健壯指出，例如《刑法》誹謗罪未除罪化；《兒童及少年福利與權益保障法》對新聞媒體報導內容作禁止性規定；而「《集會遊行法》仍未修改，就表示我們政府還在用行政角色去箝制表意的自由，這是《憲法》第十四條『人民有集會及結社之自由』

沒有具體落實的重要案例。」

言論自由，多向容忍尊重

他並痛批，美國憲法第一修正案開宗明義，國會對言論自由「不得立法侵犯」，這是全世界言論自由的「鐵則」，「但立法委員在這幾年，假道德正確之名、行凌駕《憲法》之實。」立委還經常控告做出對其不利報導的記者，「國會此刻是壓制言論自由最重要的黑手。」此外，NCC明顯地比過去新聞局管制媒體的內容還嚴格、還頻繁，則是行政機關仍不放棄箝制新聞自由的例子。

面對藍綠撕裂造成社會對立，當權者也尚未放棄控制媒體的威權心態，王健壯感嘆：「言論自由不是只有『罵總統可以不坐牢』那麼簡單，言論自由是非常深刻的。」

他強調，胡適從一九三〇年代辦《獨立評論》開始呼籲言論自由，但大家都忘了，胡適當年還呼籲「容忍比自由更重要」，「有了言論自由後，要

去包容別人的言論自由，包括別人對自己的汙衊、醜化、扭曲、誤解。」

王健壯認為，言論自由的最終極，是雙向甚至多向的容忍與尊重，「假如藍綠都懂言論自由真正的意涵，台灣政治也不會變成現在這樣極端化了。」

台灣的民主發展與言論自由，在華人社會乃至亞洲國家都被認為是成功故事，但眾聲喧譁、全民「開講」的背後，卻存在藍綠兩極撕裂的社會問題。無論是江春男強調的「電視台自己變成一個小教堂」亂象，或王健壯強調的「容忍比自由更重要」解決之道，都值得台灣社會在此時此刻進一步深思。

模仿秀加叩應，一炮而紅

台灣本土原創，政治模仿秀、輕鬆看時事的「全民系列」節目一做就是十年，美國CNN、日本NHK、中東半島電視台等都曾來台製作專題報導，也見證了台灣言論自由的蓬勃發展。其中「全民最大黨」多次拿下金鐘

「全民最大黨」的兩位靈魂人物，左起郭子乾、郃智源。（中時資料照片）

獎最佳綜藝節目獎，製作人巫秀陽曾於領獎時在台上說：「謝謝台灣的民主自由。」這是金鐘史上首次有得獎人把榮耀獻給台灣民主。

走進中天電視攝影棚，「全民系列」節目兩大靈魂人物郭子乾、郃智源正在化妝，節目馬上就要直播了，大夥兒仍不慌不忙對劇本排戲，長年合作的默契盡在其中。

「從『全民亂講』、『全民大悶鍋』到『全民最大黨』，全世界沒有華人地區做出這樣的節目，我們可以罵元首罵得比罵兒

鄉民自負文責，PTT言論不採預審制度

一九九五年夏天，在台大資工系學生杜奕瑾的發想下，台灣ＢＢＳ霸主「批踢踢實業坊（ＰＴＴ）」在台大宿舍誕生。無人預料到，五年後網路泡沫化，各大知名網站哀鴻遍野，不以營利為目的的ＰＴＴ不僅存活下來，更日益茁壯，註冊人數至今已暴增至一百廿多萬人次，並發展出一萬五千多個看板，網友在板上的發文常成為社會熱門話題，成為年輕人網路言論自由象徵與眾多話題根源，二〇一一年年底甚至發行了高達五萬多張的聯名卡。

ＰＴＴ擁有一百二十萬名註冊使用者，二〇一一年更發行「鄉民認同卡」，吸引上千名網友排隊申購。（中時資料照片）

台灣歷經「警總時代」的新聞檢查，網路論壇的言論自由，則誕生在民主自由樂土。「網路言論的檢查，在每個使用者自己心中，不在我們管理端！」ＰＴＴ新聞發言人陳奐宇指出，網路不同於其他傳統媒體，報紙雜誌有版面限制，電視call in有時間限制，不同立場的不適當言論，報紙可以丟稿、電視可以掛掉電話，但是網路必須有最大的自由發言空間，「我們不做預審，實際上也做不到預審，言論自由更不該建立在預審制度上！」

「你愛怎麼講是你的自由，但你必須承擔風險！」陳奐宇強調，和其他帶有商業性質的網站比起來，ＰＴＴ連事後審查也是採取較為寬鬆的認定，管理者只審兩個要件：一，是否明顯人身攻擊、惡意誹謗；二，是否故意洩露他人個資。超過這兩個界限，或者是明顯有拉廣告嫌疑，「這樣的文章很難存活兩個小時，我們會馬上刪除。」

二〇一〇年五都選舉激戰時傳出，行政院發函教育部轉文給台大，要求限制ＰＴＴ的政治言論。陳奐宇笑說：「有嗎？沒在理會耶！」ＰＴＴ是非營利單位，唯一對其有影響力的是校方和政府單位，「但原則上我們能擋就擋，公家單位來公文，我們會評估是否處理，例如違法事項一定處理，包括違反著作權、《勞動基準法》、《菸害防制法》等，或使用者之間訴訟行為，警察局、檢察官或法院來函，我們就會給資料！」

「網路言論可匿名，很自由，但沒祕密，人人都要為自己負全責！」陳奐宇說，原則就是這麼簡單。

執筆／江慧真

子還慘，當然要感謝台灣的民主！」邰智源正是一再叮嚀巫秀陽領獎時須感謝台灣民主自由的幕後推手。

「排憂解悶」是全民系列節目的起點。郭子乾回憶，二〇〇二年十月，製作人王偉忠認為，政論節目浮濫，已經變成政治人物吹噓自己的舞台，因而提出政治模仿秀加叩應的點子，沒想到兩人一拍即合，「討論五天就遞案，沒宣傳就上檔。」他永遠不會忘記，第一個叩應進來的阿伯劈頭就問：「你們這個節目是真的嗎？怎麼愈看愈假？」正當大家忐忑的時候，阿伯加問了一句：「第二天還會繼續播嗎？」其後短短一個月內，「全民亂講」引起旋風、一炮而紅。

「全民最大黨」的政治模仿秀見證了台灣言論自由的蓬勃發展，連國家元首也曾以「分身」姿態登台演出，圖為藝人模仿馬英九總統（右）及前總統陳水扁（左）。（中時資料照片）

蘇貞昌與「分身」郭子乾換上球衣後更加真假難辨，兩人互動過程逗趣。（中時資料照片）

巧妙拿捏分際，不分藍綠

模仿李登輝、陳水扁到馬英九等歷任總統，是否曾遭關切？郭子乾斬釘截鐵地說：「完全沒有。」他從未接過來自府院黨或藍綠政治人物的電話，「喔！有啦，是有打來嫌我們（模仿）太醜啦！」他笑著舉例，洪秀柱曾當面抗議為什麼找男的模仿她？許信良則質疑他嘴巴有笑那麼開嗎？模仿蘇貞昌的效應最大，不少藍營官夫人見到他就嘟囔：「不要再學蘇貞昌了，把他學得愈來愈紅！」

郭子乾強調，政治模仿秀必須拿捏分際，他們心中自有一把尺，「我們絕不無中生有、刻意醜化，政治人物曾經講過的話我們才講！」至於挺藍挺綠的揣測，「上了台我只忠於表演。」此外，郭子乾指出：「宗教、貧窮和命案這三者，我們不碰、不開玩笑、不在傷口上灑鹽。」邰智源也補充：「天災、種族也不碰，不談論別人八卦，頂多從旁邊閃過，我們絕不為了收視率去媚俗。」

「我們不會覺得自己很了不起，好像什麼都可以講。」邰智源說，外界通常只看到他們好笑的一面，但「全民最大黨」在台灣有一定的收視群，就算只有二%或三%的觀眾在看，卻有「領頭羊」的作用，所以「最大黨的言論是出自非常嚴謹、嚴肅的幽默，並不是隨便亂講的！」

排憂解悶，民眾監督是最大的力量

「但二〇一一年日本天皇事件，我們犯下最大的錯誤。」郭子乾坦承，心中雖有拿捏，但難免仍會擦槍走火。模仿日本天皇、皇后安撫三一一地震

郭子乾（左）與郈智源（右）的人型立板放在攝影棚內。（鄭履中攝）

「全民最大黨」錄影現場，新聞人物「分身」齊聚一堂。（中時資料照片）

災民其實還好，錯的是之後的嬉笑怒罵，臨場發揮過了頭，忽略了國外人士觀感，導致網友和日本的激烈反彈；所以後來北韓領導人金正日過世，「全民最大黨」不再模仿李秀姬，「這證明言論自由不是沒有界限，雖然公部門沒干預，但民眾的監督是最大的力量！」

已演出兩千多集的「全民系列」，颱風下雨、政黨輪替從無間斷，唯一的例外是二〇〇四年三一九槍擊案那天。郭子乾說，槍擊案一出來大家都愣住了，因為這個節目政治性極高，電視台怕煽動而喊卡，「這是十年來唯一的停播，本來腳本已經寫到一半，大家也在等錄影，那是個永生難忘的星期五！」

（編按：「全民最大黨」於二〇一二年九月二十一日星期五播出最後一集；「全民系列」四「全民大新聞」在九月二十四日星期一正式與觀眾見面。十月十六日中天攝影棚遭祝融肆虐，硬體設備損傷嚴重，「全民大新聞」因此停工二十一天，終於在十一月六日「復工」。二〇一三年一月二十五日，「全民大新聞」播出最後一集，正式吹熄燈號。「全民系列」十年來，共播出二五七八集。）

無所不罵，陸客瘋迷政論節目

「該回去休息了！」吃過晚飯，大陸觀光客李勇催促導遊盡快帶隊回飯店入住，因為九點鐘播出的政論節目，可是來台才能恣意觀看，他不想錯過。

資深導遊吉星照說，陸客開放來台觀光多年，陸客團愛看台灣談話性節目及「全民最大黨」政治模仿秀的熱度未減，尤其是四十歲以上的男性陸客，晚間唯一的嗜好與活動就是看電視節目。

「罵執政黨、罵反對黨，連總統、行政院院長都可恣意批評，真的很爽！」李勇說，藍綠政論性節目都有特色，遙控器在手中轉來轉去，看各個名嘴的論調，挺有趣的。

「連大陸官員都愛看！」吉星照表示，陸客對於台灣政治人物、動向都相當熟悉，例如二〇一二年的民進黨黨主席選舉，陸客幾乎都可叫得出五名候選人的名字，選舉當天，陸客也趕回飯店看名嘴分析選情。

事實上，國台辦與各省市台辦都同步收看台灣政論節目。二〇一二年年初，國台辦主任王毅就透露，他在辦公室也看政論節目，隨時掌握台灣動態。

首次來台的小張女士，和友人聚在福華飯店房間看電視，看到名嘴左一聲「馬英九」、右一聲「馬英九」，脫口就說：「台灣人都這麼不尊重領導啊！」她心裡矛盾的是，一方面欣羨台灣的民主自由，一方面又擔心台灣「失控」。

與大夥兒一起七嘴八舌看著全民開講節目，多次來台的小陳說：「哎！妳是少見多怪，人家是亂中有序，以序為主！這是王道。」

相較一般陸客，大陸「知台」學界就冷靜多了，他們每天同步掌握台灣政情。不過，二〇一二年台灣總統大選前，上海兩岸問題專家嚴安林把電視機關掉了，理由是：「不想被誤導」。「台灣的政論節目，是在誤導選情！朋友從台灣回上海說，馬英九麻煩了，危險啦！蔡英文要上台啦！選後完全不是這麼回事……」嚴安林對台灣政論節目顯然很有意見。

深諳台灣媒體生態與政治文化的廈大台研院院長劉國深也說：「對一些經常誤導輿論的名嘴，我們保持警惕！」廈大曾在中共涉台機構內部締造兩項精準紀錄：一是二〇〇〇年預測陳水扁會當選，二是二〇一二年年初預測馬英九領先蔡英文八十萬票。劉國深說，如果看了政論名嘴節目，可能就無法理性研判台灣選民的普遍傾向了。

執筆／黃如萍、王銘義

差點停播的一次經驗則是SARS來襲，製作人體溫過高卡在外面進不來，最後是喝椰子水降溫，節目才錄成。「在台灣社會很沉悶的時刻，這節目帶給很多人正面力量，不少女性朋友甚至叩應進來說：這節目很過分，把我的憂鬱症都醫好了！」

近年來，「全民系列」成為大陸官方代表團來訪的「參觀行程」，更是陸客來台不可或缺的「晚間節目」，將台灣言論自由的活力散播到華人圈甚至全世界。「如果有一天，台灣政治已經不悶了，人民也已經不憂鬱了，這個節目就沒有存在的必要了。」郭子乾如此總結，但對照於藍綠撕裂惡鬥的現狀，那一天似乎還很遙遠。

癒合社會傷口，期待多元尊重新世界

從早年的廟口清談、電台call in，到現在的計程車司機街頭評論、政論節目，全民「開講」一直是言論自由突圍象徵，解嚴後更是推動民主化的重要動力。但是，台灣言論自由反而加深了藍綠撕裂對立，模仿「2100全民開

講」起家的「全民亂講」系列節目更成為人民解悶出口，顯示「開講」現象必須深刻反思，才能讓社會傷口重新癒合。

一九九三年「2100全民開講」節目帶動call in風潮後，政論節目如雨後春筍般出現，但是，政論節目與名嘴愈探討政治議題，台灣社會就愈撕裂，人民也更加鬱悶。於是，二〇〇二年年底模仿「2100全民開講」的「全民亂講」誕生，然後一路隨著台灣政治氣氛轉型，陸續改名「全民大悶鍋」、「全民最大黨」「全民大新聞」，不變的是對於政治人物的嘲諷態度。

有趣的是，當部分談話性節目「走火入魔」，在藝人Makiyo事件中由名嘴表演「還原現場」之際，連「全民最大黨」擅長模仿秀的郭子乾等人都看得瞠目結舌，大嘆「他們演得比我們還真」。

當「全民最大黨」反過來模仿政論節目主持人及名嘴在Makiyo事件中的演出，進而發揮某種程度的「煞車」效果時，台灣的「開講」現象已進入另一個「真假難辨」階段。結果，冒牌新聞比正牌新聞更真實，小丑講的話比蛋頭學者更有權威，知名專欄作家江春男認為：「我覺得他們的貢獻比那些政論節目大。」

資深媒體人王健壯則如此形容「諷喻體」在台灣的發展：「以文學的語言講，相較於美國『每日秀』（The Daily Show with Jon Stewart）Jon Stewart的表演等同一篇社論，台灣CoCo的政治漫畫算是一種小品，《給我報報》是散文，『全民最大黨』像一篇專欄，至於那些政論節目，那是『亂講』了。」

政論節目各擁深藍、深綠支持者，已不斷強化台灣社會兩極撕裂現象。台灣言論自由的提升，一方面有賴於《集會遊行法》等與時俱進修法，以落實《憲法》保障的集會結社自由，另一方面則有賴於人民以「公民意識」取代「藍綠意識」，並且重視「容忍」、「尊重」等言論自由真正內涵。

當藍綠陣營、台灣社會能夠真正了解「容忍比自由更重要」時，台灣的言論自由、民主品質才能實質提升，多元、包容的民主更將是台灣的驕傲。

執筆／楊舒媚、江慧真、何榮幸

《無聲的力量》：政治漫畫，永遠的反對黨

戒嚴時期言論自由長期受限，政治漫畫異軍突起，反比文字更具諷刺時事力道，一幅政治諷刺漫畫往往勝過千言萬語，因此，政治漫畫家一度被譽為「社會最後良心」，近年最具代表性者非CoCo和魚夫莫屬。

本名黃永楠的CoCo，被譽為國內第一政治漫畫家，筆齡最久、風格最多樣、筆觸最獨特、連載專欄最多，至今仍活躍平面媒體（如《時報周刊》等）。

一九七九年，黃永楠原以「二馬」為名，為《八〇年代》、《美麗島》等黨外雜誌畫政治漫畫，卻因有一天送稿人員催促他，趕快取個筆名以策安全，他隨手匆忙簽上CoCo，從此奠定名號。

當時黨外競選海報也都找上CoCo，他所勾勒出的政治荒謬和底層民怨，總直接觸動民眾的心弦，傳達民主訊息的穿透力十足。由於影響力極大，CoCo每個月都要被「當局」（如警總、文工會、新聞局等）至少請吃五次飯局，表達「關切」。

台灣走向民主自由後，CoCo並未輟筆，並啟發兒子走入政治漫畫界。三十年來，他行事低調，不愛受訪，更不愛出名，至今仍奉行他自許的「政治漫畫是永遠的反對黨，是執政黨的反對黨，也是反對黨的反對黨」信念。

一九八七年十二月十七日，自立晚報出現一幅「蔣經國開路」的政治漫畫，頭一遭，蔣經國被畫進了台灣報紙，蔣經國稀稀疏疏的髮型竟然引爆政壇大地震，漫畫作者就是魚夫。

魚夫本名林奎佑，他破除當年不得畫出「明確可識別」政治人物的限制，舉凡蔣經國、李登輝、梁肅戎、邱創煥、萬年國代無一倖免，連對岸毛澤東、鄧小平、南韓盧泰愚也信手拈來。國民黨政爭腥風血雨，魚夫以作品「林洋港解凍」、「劉闊才露奶」等毫不留情批判；連一九八七年年底民進黨在中山堂示威，他無法認同總指揮康寧祥和國民黨溝通，畫筆一揮以「保皇黨康寧祥」大大諷刺，還引發民進黨內部反省。

一九九〇年代間，抨擊魚夫「醜化政治領袖、缺乏民族大義」的撻伐聲不絕於耳，政治漫畫和執政權力的緊張互動可見一斑，也印證政治漫畫的穿透力。

執筆／江慧真

當年CoCo嘲諷國民黨、民進黨都找不到縣市長候選人的窘境。（中時資料照片）

台灣言論自由大事紀

時間	事件
一八九五～一九四五年 日治時期	一九二三年，林獻堂等人創辦《台灣民報》啟迪民智，成為本土知識份子抒發不平的管道。
一九四九年起 戒嚴時期	一九四七年行憲，但台灣自一九四九年戒嚴，《動員戡亂時期臨時條款》凍結《憲法》規定的諸多基本人權，包括言論自由在內。
一九六〇年代	《自由中國》創辦人雷震因挑戰蔣介石、成立反對黨而被捕。
一九六八年	柏楊翻譯「大力水手」漫畫被認為諷刺當局而入獄。
一九七〇年代	《文星》、《大學》雜誌填補《自由中國》空缺，扮演民主啟蒙角色。
一九七七年	掀起鄉土文學論戰。
一九八〇年代	《八十年代》、《美麗島》等黨外雜誌百花齊放。
一九八七年	解嚴。
一九八八年	解除報禁。

一九八九年	鄭南榕為爭取百分之百言論自由而自焚身亡。
一九九〇年代民主轉型	地下電台流行。開放第四家無線電視台、廣播電台執照，電子媒體解嚴。
一九九一年	終止《動員戡亂時期臨時條款》，行憲。
一九九二年	立法院三讀通過《刑法》第一百條修正案，廢除言論、和平內亂罪。
一九九三年	「2100全民開講」開啟call-in電視政論節目先河。
二〇〇〇年政黨輪替	大法官釋字第五〇九號解釋引入「真實惡意」原則。
二〇〇二年	模仿政治人物的「全民亂講」節目開播，其後轉型為「全民大悶鍋」、「全民最大黨」、「全民大新聞」。
二〇〇四年	呂秀蓮副總統控告《新新聞》周刊侵權官司案，最高法院裁決「真實惡意」、「相當理由的確信」原則不適用於民事侵權案件。
二〇〇九年	台灣將國際人權兩公約入法。
二〇一〇年	台大助理教授李明璁遭檢方依違反《集會遊行法》起訴，承審法官陳思帆裁定暫停審理，將全案聲請大法官解釋。
二〇一一年	《兒童及少年福利與權益保障法》規定媒體不得過度描述性交、猥褻、自殺、施用毒品、血腥與色情細節，引發限制言論自由爭議。

二〇一二年

行政院院會通過《集會遊行法修正草案》，將申請許可制改為報備制。

製表／楊舒媚

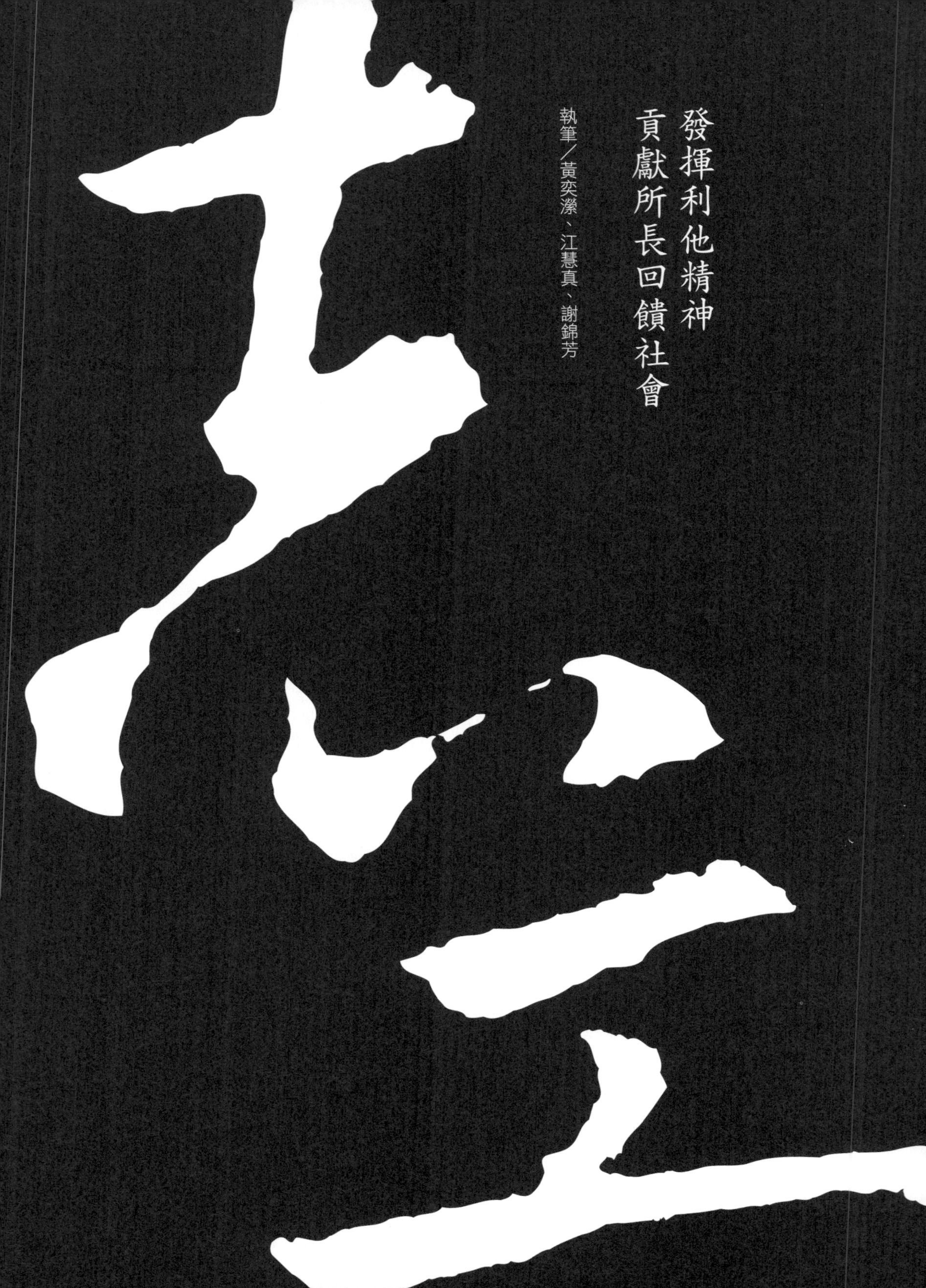

發揮利他精神
貢獻所長回饋社會

執筆／黃奕濙、江慧真、謝錦芳

關鍵字

「志工」一詞和其制度的緣起，可說是因應二次大戰後因福利主義興起導致政府財政支出崩塌，進而發展出義務工作，以解決社會需求。然而，台灣社會早期普遍貧窮，只能靠宗教團體或有錢的慈善家成立醫院診所、收容之家，提供免費的義診和教育。在社會日漸富裕後，人們便有多餘心力付出，回饋社會和國際。根據統計，台灣每年有四百萬人投入志願或義務服務。

而災難更是驅動人心為善的關鍵。一九九五年，日本發生阪神地震，這一年被視為日本的志工元年；台灣人大動員救災、重建，甚至大批青年下鄉駐點參與社區營造，也在九二一大地震這年。

根據主計處調查，該年台灣民眾參與志工的比率占一三．三一％，全年有超過二一四萬民眾曾參與過志願服務，四年後提升到一四．五％，人數估計超過二六三萬人。

包含慈濟基金會在內的民間團體，也將「做志工」變成了社會朗朗上口的實踐用語，讓志工台灣的精神更活躍。

整理／黃奕潆

近年來，台灣掀起一股志工風潮，許多人都相約鬥陣「做志工」。只要帶著「利他」精神，人人都能夠做到，人人也都可以參與，即使如陳樹菊等辛勤過日的民眾，也都能利用餘力付出。這種志工精神，成為台灣人自豪也被國際肯定的軟實力。

在孫越和沈芯菱的跨世代對談中，孫越捨棄名利雙收，卻換來廿三年的快樂；沈芯菱從公益奉獻中找到肯定，期許年輕人當志工別像候鳥匆匆來去。此外，在當前對醫療體制充滿批評檢討之際，台灣路竹會醫護志工談談他們的義診之路；台北海外和平服務團前任領隊賴樹盛則分享志工心得。

送炭到泰北，開啟意外人生

廿多年前的台灣，「志工」觀念剛萌芽，一句「夜深了，快回家吧！」在黑暗中勸撫了年輕人徘徊的心；二〇一〇年拿下金馬獎特別貢獻獎的孫越，是台灣第一代志工拓荒者，其人生故事比電影還精采。而兩度榮獲總統獎的台大碩士生沈芯菱，小小年紀竟已投身公益十二年，是全國最年輕的志

孫越（左）與沈芯菱（右）年紀如祖孫般，彼此相敬相惜。（陳怡誠攝）

工先鋒，更被《世界年鑑》、《台灣名人錄》及高中、國中小學等八本教科書列為青年典範。

孫越與沈芯菱老少兩人的年紀有若祖孫，彼此相敬相惜，彼此關懷投身志工的初衷和甘苦。原來，孫越卸下大明星光環當志工，是來自一場死亡的刺激；而沈芯菱的公益啟蒙，卻是鐵皮屋下的貧窮。

一九七〇年代，是孫越演藝事業的高峰，兩年內拍上兩百部電影，紀錄無人可及。他名利雙收卻不快樂，曾三次想自殺。一九八三年，他代表宇宙光「送

炭到泰北」的行動，意外成了他人生的轉捩點。「眼睜睜看著孩子在面前死亡，任何人卻都無能為力！」中國青年軍出身的孫越，打過仗、看過死亡，但他開始思考，人不該只為自己活。

他回國後宣布「八個月做公益、四個月拍電影」，一邊演戲一邊當志工，但是卻發現兩者難以兼顧。一九八九年，就在沈芯菱出生的那一年，孫越正式結束了四十年演藝生涯，白天宣導戒菸、捐血、捐贈器官、安寧緩和醫療等公益，晚上則留給家人。「這輩子我最喜歡演戲，不管是小舞台還是大場面，我都夢想成真做到了，所以我不太在意自己了，想為弱勢向社會發聲。」

老婆做後盾，推戒菸成箭靶

二〇一二年八月下旬，孫越在教會中向太太「孫媽媽」致意，感謝她當年「半推半就」接受他退出演藝圈，過著沒有收入的生活。孫越說，他想到的是社會公義，然而太太卻要張羅生活，他算算拍戲賺來的房子和存款，其實和軍公教差不多，這樣就夠了，「當志工廿三年換來的，反而是愉快的心，改善了和家人、和社會的關係，最重要的是，你怎麼面對你的明天！」

這些年來，孫越所到之處，路人無不投以敬愛的笑臉。但是當年為了推動《菸害防制法》新法上路，他卻成了箭靶，不少老菸槍生氣地打電話來抗議，甚至有人當著孫越的臉大呼一口菸，嗆他「我可是戒菸了」。孫越毫不動氣，只是笑說：「他們沒有情緒的出口，讓他們發洩吧。」

路邊攤教育，體會自己富有

早熟的沈芯菱，則毫無一般人的快樂童年。她坦承，自己一直很自卑，小時候擺攤賣汽水、花生、菱角等微不足道的小東西，賺錢有限、居無定所。「有一天，一個小妹妹來買汽水，一樣都是五、六歲，她穿著漂亮洋裝，反觀我卻一身髒兮兮……」

幾天後，沈媽媽神祕從身後拿三本舊書送她，語重心長地說：「我們應該去想需要的東西，而不是想要的東西。人總是喜新厭舊，衣服外在舊了就

丟了，很多東西卻是別人一輩子拿不走的。」

「我長大真的發現，知識、親情、關懷和善良才是一輩子拿不走的東西，因為有父母的陪伴，我慢慢從貧窮生活中體會自己的富有。所以，路邊攤的貧窮教育，是我最大的養分！」

十一歲，媽媽發現她的電腦天分，向親友借錢卻飽受譏評，最後變賣玉飾買了中古電腦。沈芯菱幾經苦學，十二歲架設網站幫忙賣衣服，更為愁眉不解的阿公和雲林斗六農友成立文旦產銷網，成為台灣第一個農產品直銷網站，大開公平交易的先例，十年來已成功銷售一百多萬斤文旦。

「十年前投入時，我不知道這就是志工，只是發現問題、解決問題，從生活周遭開始而已！」沈芯菱自覺，只有自己可以幫助自己，也只有自己可以放棄自己，怨天尤人沒有用，但積極改變就會不一樣。

抱怨變抱願，憤怒轉為奮發

家境收入穩定後，沈芯菱從農產品動不動崩盤，感受到台灣產銷機制的

主婦站起來，環境政策扮推手

主婦聯盟讓婦女走出廚房、關懷社會，以堅韌的力量推動環保。（中時資料照片）

成立廿五年的主婦聯盟，原由一群媽媽志工組成，當時念頭很單純。一九七〇年代起，台灣社會接二連三發生如多氯聯苯米糠油中毒等重大公害，台大教授張國龍夫人徐慎恕發覺，食物牲畜海鮮出現安全疑慮，「吃貢丸很可怕，吃蝦子也不放心，家庭主婦是家裡負責買菜、管理營養的人，怎麼會這裡也不對，那裡也不對？」光是言論質疑不如實際行動，於是她號召親友成立志工團，一九八七年成立主婦聯盟。

董事長陳曼麗表示，主婦聯盟最主要是讓婦女「走出廚房，關懷社會」，成員以家庭主婦最多；現因晚婚族、不婚族比例攀高，成員開始多元化，包括單身熟女以及約一〇%的男性如退休族等的加入，目前志工數約兩百人。

陳曼麗回憶，她有一次被派去參加桃園觀音鄉鎘米事件公聽會，本來很忐忑自己不懂，但她發現，公聽會裡各界專業人士都有，甚至包括切身的受害者，參與到最後，對農田水利、耕種土壤、金屬毒害等都瞭若指掌。

一九八九年六月五日世界環境日，主婦聯盟當天騎腳踏車送垃圾到環保署，沒想到在集合地點、台大校門口卻掛滿抗議布條，原來大陸發生了六四事件，「大家平常為家庭奉獻，我第一次感覺掉入了歷史的脈絡，醒悟到很多的參與是和整個社會連結在一起的！」

「不要小看婆婆媽媽，她們是最熟悉社區、學校的人。」以台北街頭垃圾處理問題來說，她們參考日本垃圾分類，以舟山路台大宿舍開始示範做起，主婦聯盟成員、前台大教授王澤鑑的夫人王保子更當起「環保傳教士」，一人一戶宣傳，發動「垃圾樹」、「垃圾船」等活動，多年下來，終於使台北市政府和環保署落實垃圾管理和源頭減量政策。

讓陳曼麗欣慰的是，主婦聯盟和環保團體共同合作至今，政府已不敢輕忽環境決策。媽媽志工雖不強勢，但卻有最堅韌的力量，且主婦聯盟包含性大，「有些媽媽下午四點一到，一定要離開，好回家煮飯；也有一半成員不上街頭，因為搖旗吶喊不是她們想要的方式。」這些都被允許。

長期關注環境，如垃圾分類、資源回收率、綠色消費、永續農業、水資源、再生能源及反核等，這群婆婆媽媽組成台灣第一個以女性角色推動環保的非營利組織，對台灣社會影響之大，有目共睹。

執筆／江慧真

脆弱不全，看到城鄉差距的教育弱勢，她架設安安學習網站，讓沒有錢補習的同學迎頭趕上，「一碗飯如果自己吃，只有一人開心；但是十人吃，加上我自己，就會有十一人開心。」

沈芯菱從小最常聽到的三個字就是：不可能。她幫老農賣水果，卻常被鄰里譏為「小孩玩大車」；不管用電腦賣文旦、做教學網或英語園地、到菜市場發傳單，從網路銷售到實體教室，身為國中生的沈芯菱常被誤認是詐騙集團。對她而言，人生最大的挫折不是貧窮匱乏，而是人性的不信任，「不是說做好事有好報？但是理想和現實往往落差很大，我要謝謝當年所有瞧不起我、不願意借錢、認為我們癩蝦蟆想吃天鵝肉的人，因為那讓我把負面情緒轉變成動力。」

把「憤怒」變成「奮發」，把「抱怨」變成「抱願」，沈芯菱努力的成果終於被看見。對於教育部將志工列入十二年國教指標，沈芯菱認為，帶有自身利益的出發點都未盡良善，恐怕喪失了志工的初衷。志工是無法打分數的，國家由上而下的政策，很難強求動力，應該從下而上扎根，從社區到政府，才能長期持續深入，不能像候鳥一樣來一下就走。

愈多人投入，進步力量愈大

經驗豐富的孫越也分析：「不是每個人都適合當志工，也不見得每個人都是好志工，有心的人要多鼓勵，但是如果硬要強制規定，不就好像在鐵幕？」

年屆八十二歲的孫越，心疼沈芯菱的早熟，「妳從小關心別人，妳怎麼度過妳的叛逆期？」沈芯菱成熟地說：「做這些公益就是我的叛逆！雖然和別人的叛逆不一樣，但我很慶幸這個叛逆對社會有幫助。」她感慨，自己

台西藝術協會為紀念台西國中蚵貝壁畫遭拆除，發動國際志工與小朋友重新粘製一幅蚵貝壁畫。（張朝欣攝／中時資料照片）

曾有一段時間不想再當志工，因為自己一路做的事項，包括滯銷農產品、弱勢教育、人文歷史關懷和基層生計等，這些不都該是政府的事？

沈芯菱建議政府，不要把志工當成廉價勞力，不要澆熄志工熱情，唯有關心環保、人權、農業、教育的志工愈多，這個社會進步的力量才會愈大。孫越也引用德瑞莎修女的名言：「愛，是在別人的需要上，看見自己的責任。」共同號召更多年輕人加入志工行列，讓自己的愛心被看見。

約定每月一次，醫療團下偏鄉

參與志工行列，便意味著親身投入、實踐力行，而不僅是旁觀的第三者。

「如果一直扮演著被感動的旁觀者，最後，你會發現能感動自己的事將變得愈來愈少。」台灣路竹會網站上的這句話，或許是驅動路竹會志工前往偏鄉和發展中國家義診的咒語。

台灣路竹會成立不到廿年，每年都有十九次以上的國內外義診，累積志

節能志工健檢校園，年省百萬元電費

二〇〇九年二月，清大計量財經金融系二年級葉姓學生在室內體育館打籃球，為了撿球而不慎觸電身亡。意外事件發生後，葉姓學生的母親悲慟萬分，同學們更是難過。這則消息觸動了位於竹科的台積電工程師，他們積極走入校園，運用專業傳授節能節水妙方，為學校做健康檢查，要給孩子一個更安全的環境。

台積電工程師林文琮是節能志工的創始成員之一，他指出，當時那位清大學生可能不小心碰到裸露電線而死亡，大家看到這則新聞，內心很不捨。「這樣的意外會發生，顯示校園裡的用電安全有一些死角，這正是我們這一群工程師可以派上用場的地方。」

台積電志工社成員有一千五百多人，旗下分為導覽、導讀、節能、生態等各組，其中，節能志工成軍迄今約四年，主要為科學園區附近的學校進行用電安全健檢，服務範圍包括新竹實驗中學、新竹高中、台中一中、台中女中，以及錦屏國小、陸豐國小等。他們以特殊儀器檢測用電安全，提醒學校汰換老舊管線，並提供各種節能節水妙方。通常一個健檢計畫要花費一年時間，以新竹高中為例，一年下來節省了一百多萬元電費（占一五・八％）、七萬八千元電話費（占四成五）以及六萬八千元水費（占八・五％）。

節能減碳是時代潮流，但不能為了省電而影響學童正常作息。二〇一二年四月，某些學校為了省電，早自習、中午時間不開燈，讓學生摸黑看書或吃午餐，引發爭議。林文琮指出，學校若要省電有更好的方法，由於冷氣耗電量大，可以在冷氣機上安裝儲值卡，採取使用者付費原則，如此一來，同學們離開教室時自然會留心把冷氣關掉。

副理賈儒慶有一次為鄰近山區的錦屏國小健檢，那是一所迷你學校，有許多原住民學童。他說，節能志工除了為學校健檢，也為同學們上節能環保課。由於他準備了道具說明燈泡演進史，從鎢絲燈、日光燈、省電燈到ＬＥＤ燈，同學們聽得津津有味，而小朋友天真可愛的笑容，也讓他深刻感受到志工的社會意義。

執筆／謝錦芳

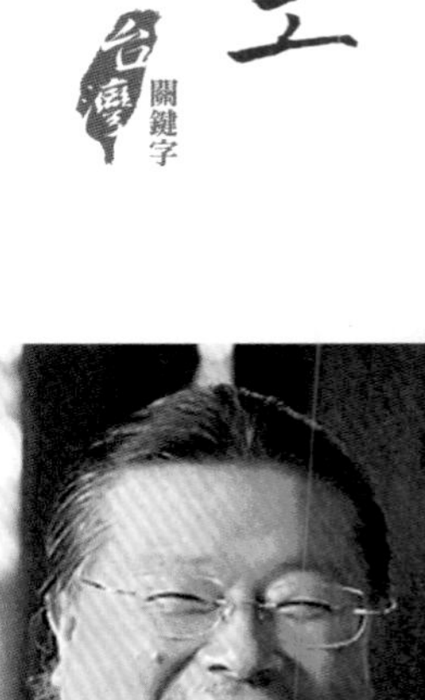

台灣路竹會會長劉啟群。（鄧博仁攝／中時資料照片）

工人數達上萬名，包含抗煞英雄張裕泰、為愛滋患者和受刑人看診的牙醫師黃淳豐，都是路竹會的資深志工。這些醫療人員利用假期、自掏腰包，到醫療不足地區貢獻自己所長，拒絕只是當個「旁觀者」。

每月的某個周末，固定有十餘輛載送醫療物資和義診志工的四輪傳動車隊，浩浩蕩蕩往那些地區教會醫院無法照顧的部落出發。「通常志工的人數還比部落的人多呢！」台灣路竹會會長劉啟群說：「可是，總不能因為這裡居民少，就不管他們吧？」一九九五年，全民健保仍未實施前，開業多年的牙醫師劉啟群召集一群熟識的醫護人員，前往醫療資源不足的偏鄉義診，原只是一次起心動念，後續變成「每月一次」的長期約定，至今未曾間斷。

一九九九年，是台灣路竹會發展最重要的一年，先是受外交部之邀，前往馬其頓科索夫戰區義診，成為亞洲唯一一個進入難民營的醫療團；接著九二一大地震發生，參與路竹會的志工大增，協助運送醫護人員和物資的車隊也加入。從此，在隊長王棟梁的帶領下，這些車隊駕駛也成為固定志工，每月參與義診。

投入災難義診，國內外不缺席

耳鼻喉科醫師李翔也是九二一時加入路竹會的志工。「地震發生後，看到災情嚴重，我很想幫些什麼。」李翔回憶當時看到路竹會在報上刊登的廣告，立刻報名參加。在沒電、路又斷的情況下，路竹會志工沿著幾個部落發放物資和義診，這次經驗也開啟路竹會之後的災難義診路。

隔年起陸續發生的蘇門答臘地震、南亞海嘯、海地大地震，甚至台灣的八八水災，路竹會都召集志工參加。「八八水災時，我們到佳冬義診，治療生病受傷的災民和軍人。此外，我們還租了多架小山貓、垃圾車、消毒車，協助居民清理環境和消毒。」劉啟群說。

護理師蔡慧貞曾參與海地地震義診，她被就地架設的簡陋手術房震懾：

台灣路竹會在非洲義診。（台灣路竹會提供）

「我看到很多被當地醫院截肢卻沒處理的傷口，也看到當時被緊急剖腹、傷口卻來不及縫合的產婦。為這些病患治療，讓我覺得真的幫助了別人。」她還看到一位加入路竹會義診的美國醫師如何協商當地木匠，為一位骨折的小妹妹製作枴杖，讓她相信每個人都能為他人多做一點事。

不怕資源匱乏，先求有再求好

在台灣全民健保普及，但醫療制度及環境卻讓醫護界和大眾都不滿的時候，路竹會的志工卻表示，義診給了他們不同的體驗。李翔說，到國外義診給他很大的衝擊，「我們只付出一點點，卻得到很大回饋。」他進一步表示，社會進步後，醫療也會發展到某種程度，人民就會求好，但有些地方仍然在「求有」的階段，「畢竟，總有相對弱勢的地方，醫療也還有發揮之處。」

一九九九年加入路竹會的藥師楊淑琴也表示，到了其他國家義診後，才發覺身在台灣的幸福，「很多人都說，已經有健保了，何必還要義診呢？我

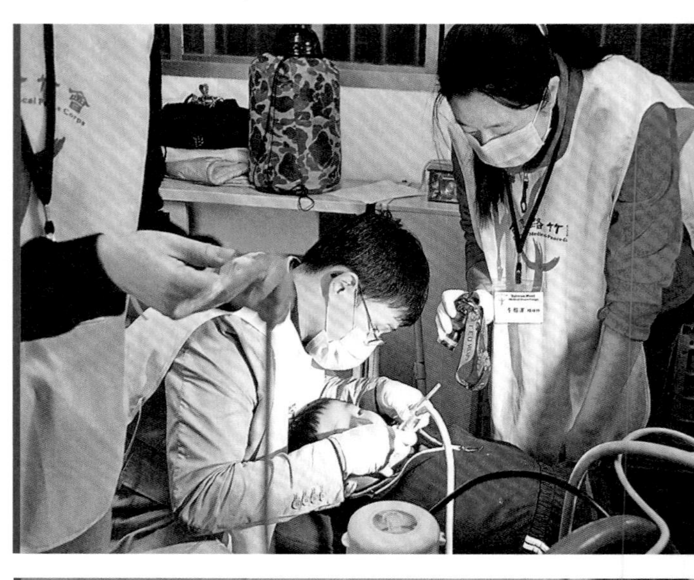
台灣路竹會志工定期到偏鄉進行醫療服務。（台灣路竹會提供）

慈濟志工在八八水災災區裝盛熱騰騰「香積飯」，送給災民享用。（慈濟基金會提供）

卻覺得，對偏鄉的人來說，義診是其次的，主要是我們來到這裡的關心和陪伴。」加入路竹會時已退下護理職務的蔡慧貞則指出，參加義診，彌補了她的遺憾，「能用自己的專業幫助人，熱情才不會被化掉。」

設立行動廚房，自己張羅食物

除了醫療工作者以外，路竹會更有許多一般志工參與，他們多半負責發放物資、掛號，甚至是廚房的工作。因為義診地處偏遠，為了不麻煩當地人張羅食物，路竹會有自己的行動廚房。政治大學民族系副教授藍美華每次參與國內義診，都和朋友一起擔任廚房志工，她認為這是「做我們能做的事」，每份工作都是重要的。

藍美華表示，台灣志工風氣很盛，不只她利用閒暇時間服務，同事也都默默從事志工活動，更別說愈來愈多學生透過學校申請，回來後會彼此分享，「台灣社會已經高度發展，每個人也都能夠為社會做一點事了。」劉啟群也以路竹會帽子上的標語"Time for Taiwan to feed back its love to the world."表示：「台灣以前接受別人幫助，現在我們有能力，是該幫助人家了。」

起心動念，思考對方的需要

擔任志工幫助別人，原是為了付出一己之力，而不是一心利己。二〇一二年夏天，「中學生搶當志工」的相關新聞占據各媒體版面，引發各界討論批判。這原該令人欣喜的新聞卻飽受質疑，無非是這些學生和家長將「志工」視為升學的手段之一，扭曲志願工作的本意。

鼓勵學生走出校園為人服務，原是希望讓學生不要只是埋頭學習，而能藉著志工活動以體驗社會，並產生回饋服務之心，但是「志工」原本的志願精神，卻因為有了目的或要求而變質，令人不得不提出檢討和反思：當志工是否該有心態和能力上的準備？

每當災難和悲苦事件發生，台灣社會的愛心湧現，大批物資捐贈或爭相投入擔任志工，總讓人感動。然而，許多人卻不理解、不調查當地的需求狀況，也不評量自己能力所及，以致於給予太多當地不缺的物資而造成癱瘓，甚至無目標、無準備即兀自前往，反造成受助者的困擾。以莫拉克風災為例，許多學校社團或團體組成志工隊，到重建區「幫忙」，卻等著當地重建組織來張羅茶水和便當，災民私下抱怨連連，「還有些志工要我們把石頭搬開，好讓他們做事。」高雄六龜的受災戶忍不住動氣。

釐清目標，用心做對又做好

國內志工如此，國際志工亦然。台北海外和平服務團前任領隊賴樹盛便提及，志工到了服務地點，第一件事總是拿相機東拍西拍，記錄當地人生活，因而引起他們質疑：「是否真的關心我們？」還有一群青年前往印度服務後，在最後一晚的歡送會上，向當地社區接待人士道謝，不料對方回應：「不用客氣，我們只是暫時放下手邊的工作來陪你們玩。」賴樹盛認可許多有高度服務熱忱，一心想完成工作的志工，然而卻也替他們沒時間和當地人

國際志工賴樹盛。（鄭任南攝）

交流而感到可惜，「無力思考為什麼要這樣做。」

卸下台北海外和平服務團泰國領隊一職回到台灣後，賴樹盛像是傳教士一般，巡迴台灣四處演講，並引領眾人思考。他說：「我會鼓勵大家出去看看，但那之前得有些準備和提醒，才不會流於消費他人的苦難。」

類似這樣的檢討和批評，並非要挑剔台灣志工精神萌發的美好，只是「做對又做好」，才不會浪費善良本意。出於本意的服務和付出，不假外求，只需看看台東菜販陳樹菊、台中清潔工趙文正等根據自身能力和心念，一點一滴付出的動人故事即可。

照顧社區的獨居老人、主動維護環境、保護樹木、為流浪貓狗做TNR（編按：捕捉、結紮、放回，以有效控制流浪動物數量）等舉手之勞，都是志願服務的範圍，只要無償而利己，懂得回饋社會，就是一種付出，也都值得肯定。

執筆／黃奕瀠、江慧真

年輕人「放自然」，大膽走出去

二○○六年，張利安（圖右）往返泰緬邊境多次。（中時資料照片）

近年來，國際志工蔚為風潮，從政府到學校都提供各種計畫和機會，鼓勵學子到國外歷練。曾經接待許多志工團體的賴樹盛表示，儘管台灣不少人已有海外服務經驗，但比起日韓與美國，人數仍相差甚遠，甚至還沒有累積方法和論述，更不用說找到核心價值。

但賴樹盛也肯定台灣進步到對國際志工熱潮有反思和檢討，許多人能夠在海外服務後，找到更明確的服務目標，台灣青年數位服務協會執行長張利安便是其中一位。

現年廿九歲的張利安，就讀中原大學資管系時，便常到偏鄉教導原住民架設網路，好促銷水蜜桃等農作。二○○五年，在老師「放大視野」的鼓勵下，他與幾個資管系的同學計畫到泰緬邊境服務。

「那是我第一次出國。」張利安說，第一次去時相當茫然，短短兩周不知道能做什麼，經過一番摸索，才開始懂得從當地需求著手。在返回台灣後，則一邊繼續學業，一邊準備第二次海外服務計畫，並組成「泰緬邊境海外服務團」。

「在離開那一刻，我許下一個願意再回來的諾言，並且會帶著更多資源來這裡。」張利安回憶當時的心情表示，二○○六年，他們自行申請計畫經費，往返泰緬邊境多達四次，每一次都帶新夥伴來學習，不但累積經驗，也準備好各項軟硬體，跳過台灣ＮＧＯ組織，直接和當地溝通。

最後，張利安覺得透過學校跑程序太麻煩，在二○○八年，以大四生身分，成立台灣青年數位服務協會，也成為年僅廿五歲的ＮＧＯ組織執行長。

執筆／黃奕瀠

台灣民間慈善服務與法令簡表

時間	事件
一六九四年	《台灣府志》記載台灣第一個義塚——鬼仔山義塚。
一七五九年	在今日屏東東港設置阿里港義渡。
一七九六年	嘉義士紳集資成立棄嬰收容所。
一八一九年	澎湖士紳商人集資成立「失水難民寓所」。
一八四五年	台灣嘉義鳳山發生風災，災後瘟疫橫生，死亡萬人。民間捐款七千兩。
一八六五年	英國宣教士雅各在今日台南成立醫館（新樓醫院前身）義診。
一八九九年	頒布《台灣貧民救助規則》、《台灣罹病救災基金規則》，為台灣救護事業運作依據。
一九二一年	日本總督府下令振興社會事業，全島貧民調查。隔年編列社會事業預算。
一九三五年	台灣社會事業協會成立，經費五分之四來自民間捐款。 台灣發生大地震，新竹州、台中州上千人罹難，民間大動員救災。
一九四五年	《社會救助法》頒布。

一九五八年　八七水災，民間齊救災。

一九六一年　挪威籍醫師畢嘉士在屏東設立小兒麻痺兒童療養院，免費醫治病患並施打免費疫苗。

一九六〇年代　宗教醫院陸續有志工加入服務。

一九七〇年代　政府機關增加志工服務。

一九八〇年代　《社會救助法》、《老人福利法》和《殘障福利法》等相關法案頒布。

一九九九年　九二一大地震讓民間積極動員，被稱為「志工元年」。

二〇〇一年　《志願服務法》公布，聯合國宣布為國際志工年。

整理／張翠芬

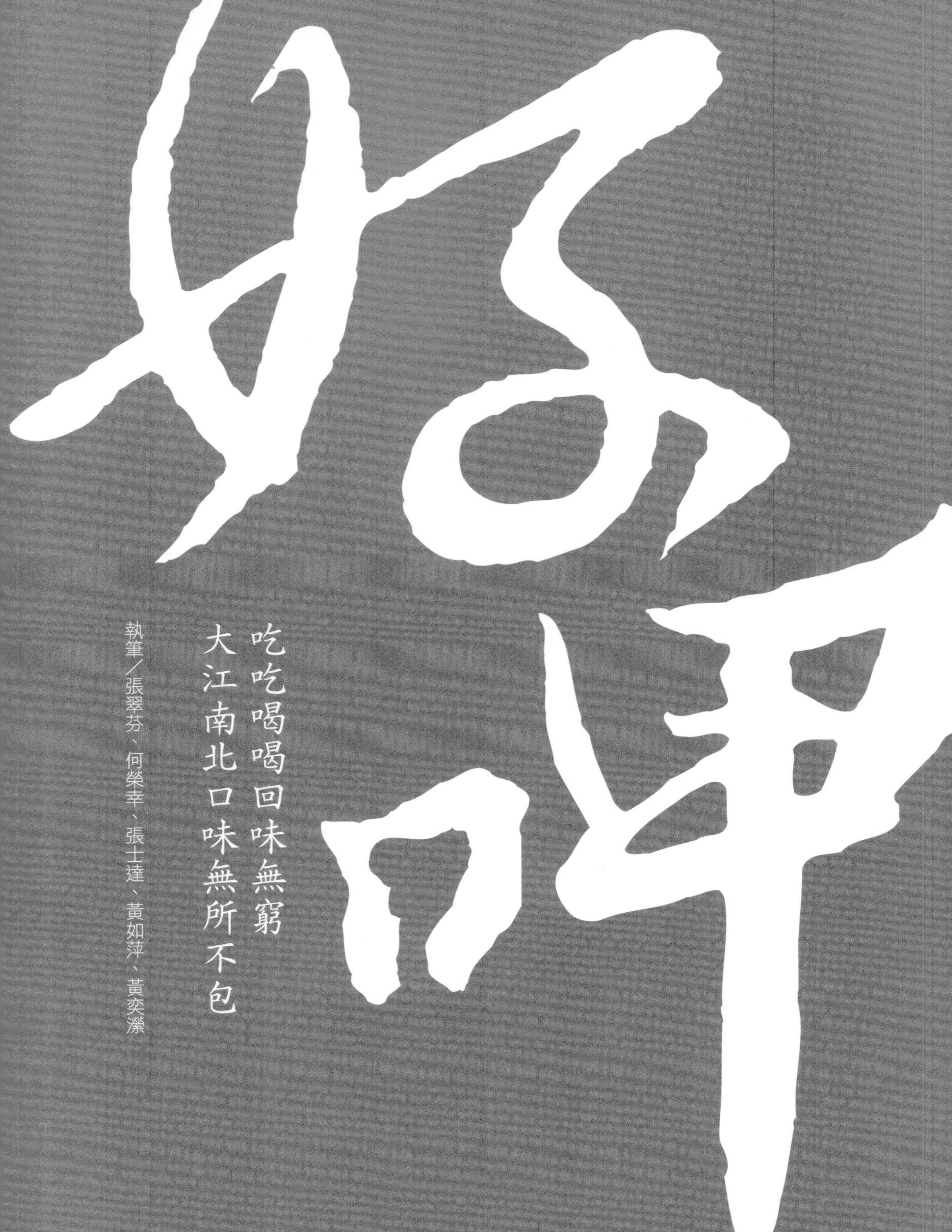
吃吃喝喝回味無窮
大江南北口味無所不包
執筆／張翠芬、何榮幸、張士達、黃如萍、黃奕瀠

「呷」在教育部國語辭典裡是「喝、飲」的意思，如「呷茶」。在民以食為天的台灣，幾乎三步一小吃店，五步一大餐廳，東南西北各方口味應有盡有，無論何種美食或小吃，都可用一句共同的語言來形容，那就是「好呷」！

飲食文化反映社會變遷。在物質匱乏的年代，生活最基本需求只在乎有沒有「吃飽」，隨著經濟發展起飛，對吃的要求也跟著提升，從本能的吃飽肚子，進展到享受美食，要求「吃好料」及「吃精緻、變花樣」。

國宴名廚阿發師說，台灣人已經從早年「呷飽」、「呷好」、「呷巧」，進展到「呷健康、呷文化」。台灣美食展執行長蔡金川則直接以「享受美食、吃出健康」八個字，詮釋新台灣美食「好呷」的觀念。

現代人注重健康養生，餐餐大魚大肉吃太好怕「三高」上身，在享受美食的前提下，「吃得巧、吃出健康」將是未來的飲食新主流。

整理／張翠芬

台灣美食近年屢獲國際媒體推薦，成為吸引國際觀光客來台的重要軟實力；美食節目更在國內蔚為風潮，到處都是大排長龍的人氣名店。在生活中隨時可以聽到的「好呷」飲食新文化，讓台灣社會充滿生氣與活力。

以「好呷」代表台灣美食，本文透過台灣美食展執行長蔡金川、在廚師界享有盛名的阿發師深度對談，以及深受年輕人歡迎的美食節目主持人「浩角翔起」二人組，暢談「好呷」的台灣味，一窺台灣美食走向國際的關鍵，並分享散布於全台各地及夜市的美食經驗。

名廚受禮遇，地位大躍進

台灣美食「好呷」聞名世界，也是台灣獨樹一格的觀光軟實力！擔任台灣美食展執行長超過二十年的「美食推手」蔡金川，以及有「台灣廚神」之稱、廚師資歷近四十年的阿發師（施建發），共同見證了台灣美食走向國際的歷程；而台灣除了多元包容的美食文化，廚師地位也跟著時代轉變，形塑出「台灣名廚」的新形象。

台灣美食展執行長蔡金川（左）與名廚阿發師（右）對推廣台灣美食，懷抱著使命感。（鄧博仁攝）

一九八九年和觀光局局長毛治國、亞都飯店總裁嚴長壽等人聯手推動第一屆台灣美食展的蔡金川，談起台灣美食如數家珍。他說，台灣美食與觀光景點結合，不再是「陪襯」，「好呷」成了台灣重要的觀光資源，連帶的，廚師的地位也提升了。

蔡金川說了一個小故事，嚴長壽曾經帶領廚師到法國交流，對方安排了三節禮車接送，嚴總裁原本以為是為他準備的，不料上了車卻被趕下來，原來禮車是給廚師坐的，

總裁只能坐一般休旅車。在法國，廚師地位非常崇高，幾乎像「部長」一樣，嚴總裁茅塞頓開：台灣也應該把廚師放在重要位置予以禮遇。

近年當紅的阿基師以及阿發師，都是在台灣美食展中因創新料理而打響知名度。青青餐廳總經理阿發師，當年擔任李安導演影片《飲食男女》中郎雄的替手，神乎其技的廚藝，讓他揚名國際，贏得「台灣廚神」封號。

二〇一一年台灣美食展開幕日人潮洶湧的景況。（中時資料照片）

傳承創佳話，走向國際化

現任中華美食交流協會理事長的阿發師說，廿一年前，他開始走出廚房，當時內心掙扎、哭了兩天，因為一身好本事都在廚房，「要走出熟悉的地方走向國際，手拿著筆竟覺得比菜刀、鍋子還重。」曾有經紀人要以一年三千萬元與他簽約，然而阿發師推掉了，現在致力於發掘「台灣名物」，將廚藝結合科學、藝術、文化，傳承給年輕人。

阿發師讓兒子學做菜，卻不捨女兒施捷宜學餐飲，女兒不從，揚言「擺爛給你看」，父女倆差點鬧家庭革命。從爭執到放手支持，阿發師讓女兒就讀開平餐飲學校，學習烘焙藝術，女兒表現竟出奇的好，一路打進國手選拔，成績都是第一名。施捷宜曾說「身體裡有父親愛料理的基因」，因為父親太強了，學中餐一定「贏不了」，所以她選擇走另一條不同的路。

施捷宜曾經赴法國進修廚藝，十九歲就代表台灣參加歐盟國際級烘焙賽，打敗十多國選手，拿下第五名，是台灣青年出國參賽歷來最佳成績。阿發師自己也常率團出國參賽，「讓台灣美食國際化、提升廚師的地位，是我

阿發師的女兒施捷宜喜愛烘焙，她曾代表台灣出國參賽獲獎，走出一條與父親不同的路。（中時資料照片）

的夢想！」父女同時致力行銷台灣美食，成為一段佳話。

在美食節目名廚效應影響下，男性下廚也成了一股時尚潮流。蔡金川說，廚師社會地位提升了，名廚就是「品牌」，家長也肯定這個行業，願意讓子女投入，近年餐飲相關科系招生非常熱門，從早年的四十個校系暴增至二百多個。

莊祖宜：飲食男女，動口更要動手

「美食節目都彷彿是飲食Ａ片，充滿感官享受。但你只是看，無法直接感受。」出版《廚房裡的人類學家》一書受到矚目，長年在國外的作家莊祖宜以辛辣的比喻，評論美食節目娛樂化。她以美國二十四小時放送美食節目的電視頻道「food network」為例，指出裡頭雖然有些知識性的節目，但大多數節目都是高成本製作、講究娛樂，甚至節目中安插的廣告都是冷凍食品、比薩外送，「就只是看食物而已（watching what we eat）。」

從寫部落格分享料理學習心得，到出版兩本暢銷書，莊祖宜無非想告訴大家做菜並不難。「現代人分工太細，過去不論男女，多少都會做點菜。」莊祖宜表示，以前女性再怎麼說不會做菜，都多少會刮魚鱗、削皮等生活技能，而傅培梅的節目，正指引這些婆婆媽媽們更多不同菜色技巧；但是現在的美食旅遊節目，為了怕流失觀眾群，只著重聲光娛樂效果。

「很多台灣人不喜歡做菜，卻愛燒烤和火鍋，自己調醬料、涮肉片，這種掌握火候、調理味道的手法，不正是料理的基礎嗎？」莊祖宜認為，人們愛吃火鍋、燒烤，代表他們享受做菜的成就感，也想做菜，只是沒有信心，卻忘了自己平時喝咖啡加奶精、加糖等，已有動手拿捏味覺的習慣。因而在她眼裡看來，光是看美食節目而不下廚，便和看Ａ片一樣，失去直接感受的機會。

台灣隨處都是小吃，讓許多人不愛下廚？莊祖宜承認，只要回台灣，她便不太下廚，深怕少了許多品嘗小吃的機會，台灣的優點正是隨時隨地都能嘗到熱騰騰、服務好的小吃，「但不代表這就是美食文化」。

她認為，台灣飲食文化的驕傲處，是結合了大江南北混雜的食材和口味，「南方的島嶼，卻有吃麵食習慣」、「來台灣的食物都混出了台灣味」。然而，不同國家的飲食文化都有特別處，台灣人愛吃、懂吃，若只淪於知道各種情報而不懂食材、不去做，是很可惜的。

執筆／黃奕瀠

美食大熔爐，觀光客驚豔

一般人看到壽司會想到日本，看到泡菜就想到韓國，哪樣美食能代表台灣菜？蔡金川偏愛台南的虱目魚，因為吃了會有「鄉愁」；不過，各地風味小吃各有特色，屏東的萬巒豬腳、嘉義的雞肉飯、彰化肉圓……，「因為歐美無法接受內臟，國內比較有共識推向國際的台灣美食，就是滷肉飯和牛肉麵。」

阿發師強調，不只是滷肉飯、牛肉麵，「任何在台灣做的，有台灣元素、有台灣廚師付出心力的，都是台灣菜！」因為，台灣廚師擅長融合世界各地的材料、烹調方法，把不同的料理融入台灣味道，讓人同時享受各種菜系佳餚。最特別的是，台灣還有濃濃的「人情味」，這些用心做出來的美味，在國外根本看不到、吃不到。

蔡金川指出，二〇一二年八月的台灣美食展以「一府二鹿三艋舺」做主題，希望彰顯多元融合、無所不包，讓觀光客吃了瞠目結舌、在心底驚豔：這就是台灣奇蹟！

「真正的台灣菜，是有文化的！」阿發師舉例，宜蘭渡小月一道「三代同堂」熱湯，巧妙地把新鮮蘿蔔、蘿蔔乾和廿年老菜脯放在一起，喝一口就能享受三種層次的口感，把媽媽那個年代幾已失傳的古早味，融合在藝術中，原汁原味呈現甚至創新，這樣一道有文化底蘊的美食，才是「好呷」的最高境界。

開口試滋味，開心樂回味

講到「好呷」，幾乎人人都有自己的一本美食地圖，電視節目「食尚玩家」的兩位主持人浩角翔起也不例外。

常戲稱自己是「中南部飛輪海、離島棒棒堂」及「噗嚨共天團」的浩角翔起，兩人主持的

「食尚玩家」主持人浩角翔起，分享全台跑透透曾品嘗過的美食和台灣小吃。（趙雙傑攝）

「食尚玩家」於二〇一一年首次入圍，就打敗其他老大哥、老大姐，拿下金鐘獎最佳綜藝節目主持人獎。跳脫傳統的美食節目，他們以無厘頭的即興搞笑方式介紹吃喝玩樂，令人耳目一新，原來，用好玩的態度介紹「好呷」的東西，也能呈現這麼不同的興味。

「食尚玩家」一開始並沒有固定的主持人，有一集要介紹運將美食，找上形象本土親和的謝正浩、陳文翔（後來兩人改名謝炘昊、陳秉立）組成搞笑團體「浩角翔起」，節目效果出奇的好，從此創造出美食旅遊節目新風貌。兩人全台跑透透吃美食，親切輕鬆、又土又俗的風格深獲觀眾喜愛。

浩子與阿翔說，從來就沒設定怎麼做節目，說說笑笑，其實就是呈現自己很輕鬆地面對生活的態度，因為，「吃本來就是一件很開心的事。」

夜市吃透透，正港台灣味

台灣美食不勝枚舉，什麼最能代表台灣味？兩人一致公推是「滷肉飯」。浩子說：「只有它最有台味，沒有其他東西可以取代。」特別是每次

台灣小吃的好味道是台灣人的共同記憶，連觀光客都豎起大拇指說聲讚。圖為台北市政府在美食嘉年華活動記者會中，邀請知名店家準備兩百四十人份超大滷肉飯分送給民眾，香味四溢引人垂涎。（中時資料照片）

出國返台，一定要吃一碗滷肉飯，才覺得「我回來了！」

夜市小吃最能凸顯在地台灣味，也是觀光客來台必逛的定點。走過各地夜市小吃，浩子獨鍾台北的寧夏夜市，他說：「那裡有老台北人幾十年的情感和故事。」某些很古老的料理，例如知高飯、瓜仔肉和燒麻糬……每吃一口，就會想起某一年的冬天。

阿翔則力推食尚玩家「夜市小吃ＰＫ賽」奪冠的台南花園夜市，因為花園夜市琳琅滿目，無所不包，除了小吃，還能逛街、買東西、看新鮮花樣。若要說創意，則屬台中逢甲夜市最令人驚豔，中式大亨堡將炒麵包在麵包裡的奇特組合，美味的創意馬鈴薯泥，都是在逢甲夜市誕生的地標美食。

至於全台最小又最好吃的夜市，浩翔齊聲推薦豐原的廟東夜市，短短一條街，攤攤都有特色，保證「吃過永遠不會忘記！」浩子強調，看到「廟口、大樹腳、跟著人潮走」的夜市，絕對是吃的天堂。

大街小巷，處處都有好滋味

國外觀光客遊台灣必嘗夜市小吃。（中時資料照片）

「台灣美食不必然在夜市！」交通部觀光局副局長劉喜臨指出，七二％的來台旅客一定會去夜市，但各國旅客享用台灣美食，則是分散在各種餐館中，且各國旅客的品味大不同，例如日本、東南亞旅客喜歡小籠包，香港旅客愛吃麻辣鍋。

美國ＣＮＮ旗下的ＣＮＮＧｏ網站，曾經特別推薦台灣四十項小吃，滷肉飯、牛肉麵、蚵仔煎、珍珠奶茶、鳳梨酥、臭豆腐全都上榜，台灣美食豐富多樣，讓遊客覺得在台灣一天吃三餐不滿足！

網站也指出，台灣人對於小吃的重視，甚至可以用「追求美好的生活」來形容，光是台北市就有二十多條夜市街，台灣小吃更結合了許多特色文化，如閩南、客家及潮州等料理，且因曾為日本殖民地，還融入了許多東洋味。

根據觀光局每年對來台旅客進行的抽樣調查，夜市從二〇〇三年以來，即高居遊客必訪地區的第一名，夜市成為台灣特色。劉喜臨說，因為夜市六成以上以吃為主，所以有些人誤以為夜市是台灣美食的代表，其實台灣美食分散各處。

劉喜臨表示，一般而言，團體客人因為已經被餵得很飽，到夜市吃水果、飲料等輕食較多，大陸客就笑稱：「台灣水果的最大缺點就是太甜！」散客到夜市吃正餐的機率較高，尤其是年輕人，購買及品嘗小吃速度快。

日本及歐美旅客不愛在夜市坐下來吃東西，因為台灣許多食物以勾芡料理，如麵線、蚵仔煎等，連生炒花枝都勾芡，不符多數歐美旅客口味，他們偏愛現點現炒的海鮮攤；日本旅客則偏愛邊走邊吃，他們會買水煎包、大餅包小餅、雞排等小吃。香港及東南亞旅客愛吃的夜市小吃則是蚵仔煎、雞排、蚵仔麵線。

至於正餐，大陸客愛吃牛肉麵，日本及東南亞旅客愛吃小籠包，香港旅客偏愛麻辣鍋，歐美客則愛台菜與中華料理，如鼎泰豐。

講到甜品類，香港及東南亞旅客愛喝木瓜牛奶，讓六合夜市的木瓜牛奶攤暴增；歐美和日本旅客偏愛芒果剉冰，大紅豆、綠豆剉冰則是非芒果季的首選。

執筆／黃如萍

走遍全世界，最愛故鄉菜

台灣美食最容易征服外國觀光客！浩翔曾把滷肉飯威力在國外發揚光大，他們在澳洲寄宿家庭端出一鍋燉了一、兩個小時的滷肉飯，向來自德國、捷克等國的學生宣示：「這是台灣美食界的『地下總統』，你們要用最謹慎的態度來看待。」一開鍋，學生看到黑黑的滷肉似乎沒什麼反應，不過，把滷肉拌到熱呼呼的白飯以後，每個人都是一碗接一碗，大讚「好呷」！

另一味台灣道地的「菜脯蛋」也是天下無敵。浩翔在西班牙、義大利、澳洲等國家實驗過，大家都對菜脯蛋讚不絕口，稱它為「台式煎蛋捲」（Taiwanese Omelet）。

不過，台灣有些重口味的美食，例如臭豆腐等，並非人人都愛，皮蛋還被國外媒體列為最噁心的食物。聽到外國人對台灣美食的誤解，浩翔義憤填膺回嗆：「如果有人敢當面這樣說，馬上跟他們翻臉！」他們細數在國外吃到鵝血做的布丁、英國油得要死的炸魚，甚至形容外國人視為最頂級的黑松露，味道就像揮發的九八汽油，「他們的東西能吃嗎？」

「凡夫俗子只能吃出酸甜苦辣鹹，真正的老饕，才會吃臭的、苦的美食。」浩子舉例，台南的魚腸魚肚無比美味，很多人卻覺得腥味很重很臭，但真正的「好呷」就是這一味！

好料吃嘴裡，人情暖心裡

濃濃的人情味，更是台灣美食「好呷」的關鍵。阿翔說，中南部人情味

菜脯蛋讓老外讚不絕口，被稱為台式煎蛋捲。（中時資料照片）

美食恆久遠，銀幕永流傳

台灣美食透過電影走向國際。圖為電影《飲食男女——好遠又好近》中，大廚曾江正在進行高難度的西瓜果雕。（中時資料照片）

台灣電影近年逐漸甦醒，產量大幅增加的結果，讓台灣飲食文化得以繽紛多元地呈現。而隨著台灣電影紛紛打進國際影展或售出海外版權，美食也為台灣作了最好的國民外交。

夜市不僅是台灣人共同的生活記憶，也是外國觀光客的旅遊重點。二〇一〇年開春的電影《艋舺》，便以一九八〇年代萬華幫派的故事，讓廣州街夜市成為片中最重要的地標。而《一頁台北》描述當代年輕人的愛情故事，景點也換成了年輕人與外國留學生最愛的師大夜市，郭采潔與姚淳耀從師大夜市開始，被人追逐、一路奔逃，也讓許記生煎包與燈籠滷味等當地美食一一入鏡。《雞排英雄》在二〇一一年春節接棒，將夜市題材進一步發揚光大，以一群夜市攤販之間的感情與衝突，再度創下驚人票房，也證明台灣觀眾對於夜市無可取代的獨特情感。

台灣人最愛的另一種在地特有美食型態——熱炒店，則在張作驥導演的《當愛來的時候》中，成了主角的家族背景，女主角與大媽、二媽三個不同世代的女性，分別走過不同的困境而成長。鈕承澤執導的《愛》，也不約而同地以熱鬧的熱炒店作為主角家族背景，由龍劭華和于美人搖身變成老闆夫婦，阮經天與陳意涵這對兄妹則各自有著不同的感情困擾，家人的問題都在飯桌上談開，正如全世界任何地方的華人一樣。李安導演也曾坦承「我最會拍的就是飯桌戲了」，從他的華語片《飲食男女》到英語片《胡士托風波》，都讓主角家庭在飯桌上演祕密的揭發與衝突的和解，從飲食之間看盡感情。

還有更多國片導演從台灣的飲食型態中發展出劇情。《聽說》中的彭于晏家裡開便當店，他也藉由送便當，而與陳妍希、陳意涵這對姐妹譜出一段感人故事。《愛的麵包魂》透過傳統與西式麵包店間的差異，反映女主角陳妍希對於兩種不同感情的掙扎取捨，也暗喻了台灣在追求西式創意與堅守本土色彩間的兩難。《飲食男女——好遠又好近》則以近年流行的精緻素食，反映兩岸在長年相隔之後，另一種人生中的感情境界。

也有導演從台灣食物中找到視覺的隱喻，李啟源《河豚》中的金針花田美到不可思議，幾乎具有超現實色彩，也成了男女主角逃避塵世情欲流動的舞台。蔡明亮的《天邊一朵雲》，則在夏季缺水時以紅豔多汁的西瓜暗喻人性最底層的欲望，為台灣美食在台灣電影中留下了最經典的存在。

執筆／張士達

特濃，碰到熟客會阿沙力多給幾道小菜，食物一定裝到快滿出盤子，招呼客人都是一臉微笑和熱情，絕不會碰到臭臉。浩子則形容，在故鄉，吃什麼都是甜的。所以，在南部吃到甜的東西，心裡會有一種暖暖的感覺。

浩子是彰化人，阿翔是台南人，在「美食之都ＰＫ賽」中，兩人各為自己故鄉美食拚命拉票，為什麼一定堅持故鄉的東西最好吃？浩子一語道破：「人的胃比心還要死忠！」他說，跑過世

旅遊生活頻道「老饕接招」搞笑名廚鮑柏布魯莫Bob Blumer曾來台走訪華西街，對臭豆腐敬謝不敏，只客氣地聞聞香味。（中時資料照片）

皮蛋被部分國外媒體列入亞洲最怪食物。（中時資料照片）

界各地才發現，人的心難免會三心二意，但胃一定是死守著故鄉味；和名廚或得獎的名菜相比，「還是故鄉媽媽的味道最好吃。」阿翔如此為「好呷」作註解。

過去，台灣社會最常見的打招呼方式是「呷飽未」；現在，大家在臉書、微網誌、部落格上爭相走告哪家店「好呷」。從「呷飽未」到「好呷」，飲食文化反映的社會變遷盡在其中，從追求美味到追求健康的飲食新文化，也成了推動台灣社會前進的重要動力。

多元台灣味，佳餚不打烊

「多元包容，就是台灣的味道！」台灣社會雖因藍綠立場而嚴重撕裂，然而，走進各地夜市小吃、大街小巷餐廳，美食打破所有政治、族群對立，融合台灣料理、外省菜色、異國美食的「台灣的味道」，更已形成所有人對於台灣的共同情感。

尤有甚者，台灣已發展出堪稱舉世獨一無二的「二十四小時不打烊」飲食文化，從倫敦、紐約到東京，沒有一個國際大都會能像台北、高雄一樣，一大早就能在路邊吃燒餅油條，深夜則可以殺去夜市大飽口福，台灣人對於這種生活型態早就習以為常，出國一久都會無法適應，對台灣備感鄉愁。

而美食節目當道，名廚與名嘴同樣活躍，則徹底顛覆了「傅培梅時間」的婆婆媽媽下廚傳統。許多新好男人走入廚房，廚師的地位大為提升，餐飲相關科系從四十多個暴增至兩百多個，年輕人在各地人氣名店「打卡」到此一遊，在在都彰顯飲食文化之於台灣社會的影響力與重要性。

不過，台灣社會雖已從「呷飽未」走到「好呷」，但是在塑化劑等食品風暴中，整體飲食文化仍有待提升。吃得安心只是飲食文化的基本要求，如何吃得健康以及吃出品味，將是台灣飲食文化下一階段的努力方向。「台灣的味道」也將不斷融合與升級，一方面以最大的包容性吸納所有美味，另一方面則追求這塊土地的永續發展，讓台灣人能夠繼續透過飲食文化形塑最重要的集體記憶。

執筆／張翠芬、何榮幸

台灣美食大事紀

時間	事件
十七世紀初	葡萄牙、西班牙、荷蘭占領台灣前，原住民野菜、烤肉、小米酒當道。
一六二四～一六六二年	荷蘭占領台灣，鼓勵大量種植甘蔗和稻米，並引進虱目魚、豌豆、番茄等食材。
一六六二～一八九五年	鄭成功擊敗荷蘭，明清時期，閩南泉州漳州移民入台，引進福建菜。
一八九五～一九四五年	日治時期，引進壽司、生魚片、味噌湯、黑輪、天婦羅等日本料理。
一九四九年	國民政府撤退來台，帶進中國各種菜系，江浙菜、廣東菜融入閩菜。
一九八四年	麥當勞進入台灣，掀起速食風潮及中西飲食之爭。
一九八九年	第一屆台北中華美食展，為中華美食菜系建立交流舞台。
二〇〇〇年	碗粿、虱目魚丸湯等本土美食小吃，躍上總統就職國宴。
二〇〇三年	美食展舉辦世界廚藝邀請賽，目前名列世界中餐職業比賽前三大賽事。
二〇〇五年	台北市舉辦國際牛肉麵節，牛肉麵成為都市觀光行銷的美食代表。
二〇〇七年	中華美食展改名為台灣美食展，將台灣美食行銷國際。
二〇〇九年	台灣隊第一次獲世界廚藝邀請賽總冠軍。
二〇一〇年	觀光局特色夜市選拔，高雄六合、台北士林、基隆廟口、台中逢甲、宜蘭羅東、台北華西街、台北寧夏、嘉義文化街、高雄鳳山、台南花園夜市獲推薦。
二〇一一年	世界廚藝邀請賽，宜蘭「麟手創料理」再次奪冠。
二〇一二年	台灣珍珠奶茶旋風颳到歐洲，德國麥當勞推出珍珠奶茶等泡沫紅茶。

整理／張翠芬

國際媒體報導的台灣美食

時間	事件
一九九三年	美國《紐約時報》評選世界十大餐廳，以小籠包聞名的鼎泰豐入選。
二〇〇九年	英國旅遊網站評選全球十大最怪食物，台灣豬血糕排名第一，怪名超過南韓活章魚、烏干達蚱蜢、澳洲蛾幼蟲和馬來西亞榴槤。
二〇一一年	美國有線電視新聞網CNN漫遊節目公民記者評選亞洲最怪食物，皮蛋因外形、味道怪異，名列第一。 美國財經雜誌《富比士》專欄作家選出十三大「世界上最噁心的菜餚」，皮蛋、燕窩、醉酒蝦都被點名。
二〇一二年	曾被外國人批評是世界「噁心」食物之一的臭豆腐，在CNN網站票選名列亞洲十大頂尖小吃第二名，等於鹹魚大翻身。 CNN旗下的生活旅遊網《CNN Go》介紹全球三十種餃子、包子等特色美食，台北南機場夜市的彰化肉圓也入榜。 CNN撰寫〈Taiwanese foods we can't live without〉專文，推薦四十大來台必吃美食，前十名分別是滷肉飯、牛肉麵、蚵仔煎、珍珠奶茶、棺材板、擔仔麵、生煎包、割包、鐵蛋、鳳梨酥。

整理／張翠芬

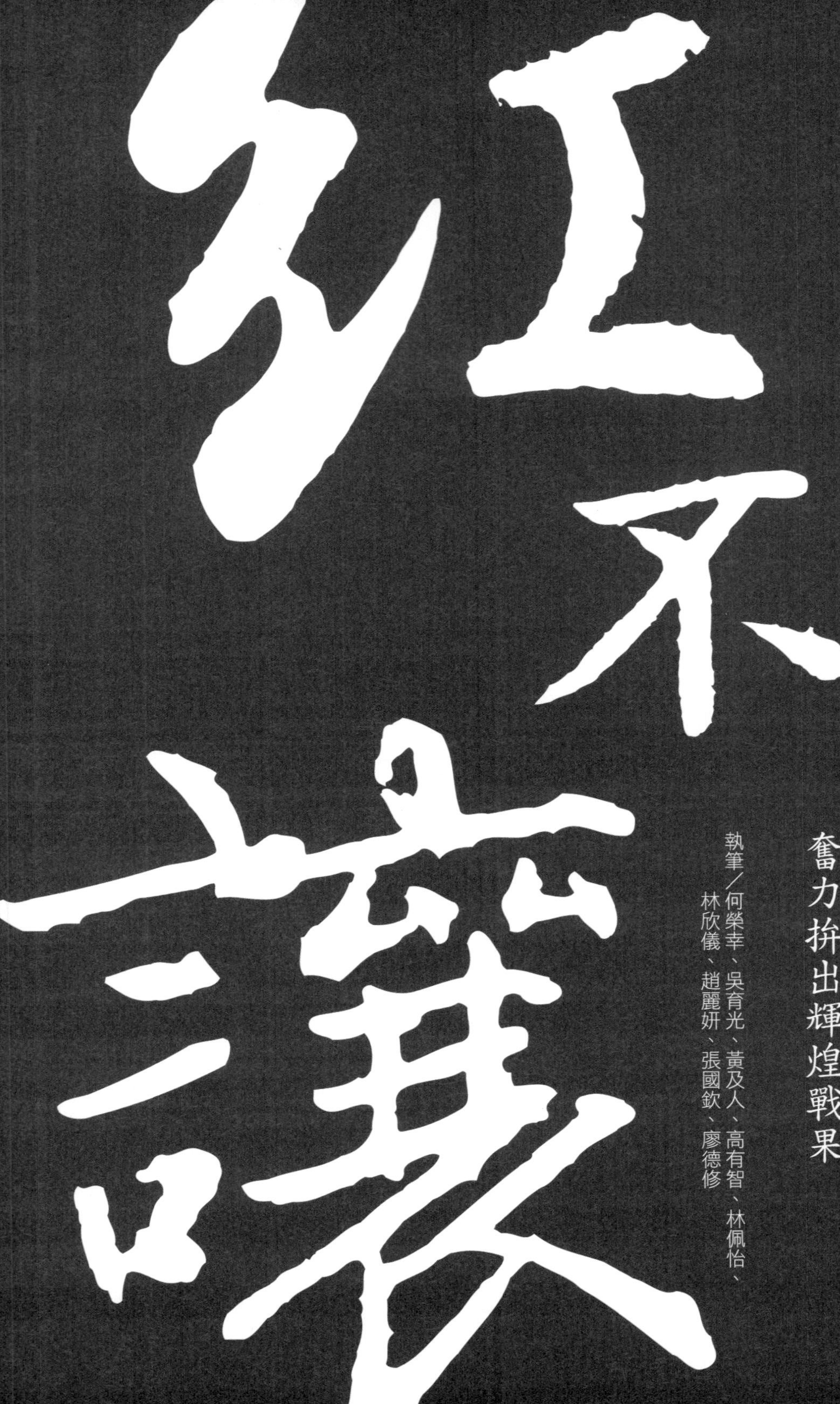

紅不讓

最熱血的加油聲
奮力拚出輝煌戰果

執筆／何榮幸、吳育光、黃及人、高有智、林佩怡、林欣儀、趙麗妍、張國欽、廖德修

「紅不讓」就是全壘打，是轉了兩層的外來語。全壘打的英文是Home Run，這個棒球術語傳到日文變成了ホームラン，台灣棒球早年受日本野球影響甚深，遂直接由日文音譯「紅不讓」，此後即成為棒球場上最熱血的加油聲，只要強打者站上壘包，球迷必定「紅不讓」聲不絕於耳。

棒球傳到大陸後，這幾年Home Run又有了新解釋，球打出去必須「跑回家」，意味著是好男人。

早在紅葉少棒隊風靡全台前，嘉農棒球隊就曾經打入日本甲子園冠軍決賽，已是當時全台民眾的驕傲成就。紅葉少棒隊打敗日本關西聯隊，三級棒球隊在美國拿到「三冠王」，為中華隊加油成為全民運動，也奠定棒球成為「國球」的地位。

中華職棒假球案、在北京奧運輸給大陸隊等打擊，則讓政府當局推動振興棒球方案，顯示棒球運動受到全民關注的獨特地位。做為台灣最受歡迎的運動，棒球將繼續在台灣社會前進過程扮演重要角色。

整理／何榮幸、吳育光

棒球是台灣的「國球」，從紅葉少棒隊、三級棒球、奧運奪牌、旅日「二郭一莊」到旅美「王建民現象」，棒球運動長期成為台灣社會的光榮泉源與前進動力。近年來，各項運動更出現曾雅妮、盧彥勳等「台灣之光」，曾雅妮已穩居世界高爾夫球后長達一年多，台裔美籍的林書豪更在ＮＢＡ掀起「林來瘋」全球狂熱，凡此種種皆彰顯運動力之於台灣社會的重要性。

「紅不讓」（全壘打）正是代表運動比賽當中的熱血加油與奮戰拚鬥的精神，從趙士強、郭泰源、林華韋三位家喻戶曉的棒球名將，以及在ＨＢＬ高中籃球聯賽掀起「綠來瘋」的北一女籃球隊，透過棒球英雄與籃球生力軍的現身說法，帶領大家感受與思考運動文化對於台灣社會的意義。

棒壇名將憶當年，細數光榮史

棒球既是台灣社會的集體記憶與光榮動力，也有為國出征的辛酸與壓力。一九八二年中華隊重返國際賽的三位名將趙士強、郭泰源、林華韋，三十年後再度聚首，披露中華隊在一九八三年比利時洲際盃被迫用刮鬍刀割掉「民國」兩字，忍辱負重穿著只有「中華」兩字的球衣，一舉打敗古巴隊而震驚世界棒壇。台灣「國球」走到現在，投入了無數人的熱情與淚水，這三位棒球英雄的現身說法，更加印證棒球與台灣社會的緊密關係。

昔日中華隊當家第四棒強打「微笑喬治」趙士強、「東方特快車」巨投郭泰源、後來升格為中華隊總教練的明星三壘手林華韋，三位各自忙碌的老友難得共聚一堂，打開了話匣子，一個又一個精采的棒球故事流洩而出。

「我是七虎隊出身，趙士強

趙士強（左起）、林華韋、郭泰源，三十年前率領台灣棒球隊重返國際賽。（鄭任南攝）

是金龍少棒隊，郭泰源是府城隊，從少棒到成棒，有很多球迷跟著我們一起長大。」老大哥林華韋對棒球歷史如數家珍，「當年中華成棒隊被迫退出國際賽，全靠中華棒協理事長嚴孝章到處奔走，才能在一九八二年重返漢城世界盃。」

榮譽與辛酸交織，回首那些年

「當時所有人都睡大通鋪，一天零用金五十元，但是大家都很珍惜當國手的機會，彼此感情也非常好。」很健談的趙士強說：「那屆世界盃，我們的球衣上還繡有國旗，最後拿到第三名，我和林華韋當選最佳九人，很多場重要比賽都是郭泰源投的，中華隊也開始被列為國際五強。」

談到一九八三年洲際盃，趙士強突然激動了起來。「我們穿著中華民國的球衣到達比利時，結果領隊會議開完，決定我們要以『中華台北』名稱參賽，大家只好被迫用刮鬍刀割掉『民國』兩個字，有的人太過用力，還把球衣都割破了。」有沒有人難過掉淚？公開場合通常不苟言笑、不怒自威的郭

一九八二年漢城世界盃，中華隊重返國際棒壇，這也是中華隊以「中華民國」名稱參賽的最後一次歷史畫面。（趙士強提供）

泰源，想到當時也不禁黯然神傷：「那時感覺很心酸，大家都非常難過，等於是強忍住淚水出賽。」

結果，中華隊在那屆洲際盃複賽全力出擊，以十三比一大勝超級強隊古巴隊，勝利投手為莊勝雄，一舉震驚世界業餘棒壇，賽後古巴領導人卡斯楚更特別向中華隊總教練吳祥木握手致意，中華隊最後保住第三名地位。

一九八三年比利時洲際盃，中華隊在領隊會議後被告知用「中華台北」名稱參賽，郭泰源（後排左二）、趙士強（後排左三）等國手們只能強吞淚水，用刮鬍刀割掉「民國」兩字，留下這張球衣僅剩「中華」兩字的珍貴歷史照片。（趙士強提供）

狗熊英雄落差大，共享的記憶

到了一九八三年九月的漢城亞錦賽，中華隊國手們的壓力達到頂點。「那次要決定一九八四年洛杉磯奧運參賽資格，國人都希望棒球進軍奧運，我們的壓力非常大。」郭泰源話多了起來，還不忘補充：「決賽時，台灣的電視台還首度卡掉七點新聞而進行直播，收視率聽說有七成多，全台灣都在關心這場比賽，那應該是台灣棒球最顛峰的時候了。」

那屆亞錦賽，郭泰源對韓、日連投十七局無失分，兩場中間只休息三十分鐘，從此奠定赫赫威名。

真要說起來，牽引全台民眾心情七上八下的關鍵人物卻是趙士強。他在出戰日本隊時「再見漏球」，導致中華隊飲恨，「微笑喬治」一夕之間成為「全民公敵」；沒想到中華隊絕處逢生出現加賽機會，趙士強這回演出「再見紅不讓」，把中華隊一舉送進奧運，只隔一天就從狗熊變回「國民英雄」。

「我因為下雨擋住視線漏接後，在電梯碰到日本隊員鈴木，鈴木竟然跟

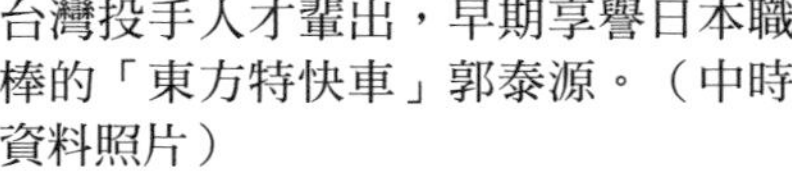
台灣投手人才輩出，早期享譽日本職棒的「東方特快車」郭泰源。（中時資料照片）

首名在日美職棒都拿下勝投的陳偉殷。（達志影像提供）

我說Thank You，你們可以想像我的心情有多壞。當時是曾紀恩教練跑來安慰我，所以我一直很感謝教官。等到最後加賽我揮出再見全壘打，在頒獎典禮上碰到鈴木時，這回換我跟他說Thank You，並且把球棒簽名送給他。」這是趙士強最難忘的一場球，也是台灣球迷共同分享的集體記憶。

悲喜往事難忘懷，皆付笑談中

昔日趙士強漏接時就站在旁邊的林華韋，在多年後為好友緩頰：「那球其實是在手勢溝通上出現誤會。」郭泰源則故意責怪趙士強：「因為你漏一球，害我多投了十幾局。」立刻引來全場哄堂大笑。

三十年後，這三位名將笑談往事，當年用刮鬍刀割掉「民國」兩字的悲情已經雲淡風輕。他們的一生都交給了棒球，為了棒球傾注所有熱情，所有球迷也跟著一代又一代的棒球名將共同成長。從紅葉少棒隊、三級棒球、奧運奪牌、職棒假球到旅外風潮，所有的球場悲喜故事，都已成為台灣人永難忘懷的情感出口與集體記憶。

過往歷史已經證明，國際運動比賽是台灣社會宣洩情感的最重要出口，棒球尤其牽動人心。早期三級棒球隊凱歸遊行時的萬人空巷盛況，老一輩球迷仍津津樂道。一九八三年亞錦賽，中華隊爭取奧運資格的關鍵決戰，老三台更首開先例，在七點新聞黃金時段直播球賽。近年王建民登板時，球迷也跟著「投一休四」心情起伏。

正因為如此，職棒幾波假球案、北京奧運及世界經典賽接連輸給大陸隊、球星捲入各項風波，才會讓球迷更加痛心與失望。所幸，棒球在台灣根基已深，如同趙士強、郭泰源、林華韋三位名將所言，棒球基層組織在所有運動中最為健全，中華職棒若能痛定思痛大力改革，台灣國球仍將是全民熱情所繫。

身高不是問題，鬥志才是王道

台灣社會的運動文化並不僅限於棒球，籃球等項目也都相當受到關注。以籃球運動來說，ＮＢＡ哈佛小子林書豪掀起全球「林來瘋」狂熱，台灣最青春熱血的高中籃球聯賽（ＨＢＬ）則引爆「綠來瘋」！北一女籃球隊爆冷門拿下首座冠軍，以拚勁與鬥志粉碎「身高才是王道」的迷思。

外界不了解的是，為了兼顧打球與課業，「小綠綠」們貫徹「考試成績少一分就罰跑一圈操場」的自我要求，把自信與榮譽感注入最熱愛的籃球運動，也為整個社會注入青春活力。

北一女籃球館內，儘管「小綠綠」們二〇一二年拿下全國冠軍，練習的腳步卻不曾鬆懈，運球、射籃和吆喝聲不絕於耳。「小綠綠」們迎戰由校內男老師和教官所組成的隊伍，為的是增加實戰對抗性。總教練駱燕萍指揮調度，緊盯每一個球員的表現，絲毫不放過任何一個環節。

笑面拚命三娘，課業不能馬虎

不到一百七十公分的北一女籃球隊隊長張宇涵，在二〇一二年冠軍賽的一記擦板三分球，讓球隊打入延長賽，最終捧走后座，她也成為這屆ＨＢＬ的ＭＶＰ（Most Valuable Player，最有價值球員）。

從小四開始，張宇涵就看著兩個哥哥在籃球場上打球，燃起馳騁球場的夢想，先後加入莒光國小與懷生國中籃球校隊，一路栽培進入北一女。

「我喜歡打籃球，因為可以忘記煩惱的事情，很有成就感。」說完話，張宇涵靦腆地笑了起來。她在球場上是拚命三娘，私底下則是愛笑的女孩。

提到練球的辛苦，她最怕的就是期中考及比賽前夕的苦練期。「除了考試，還得練球，雙重壓力之下，我們都是身心俱疲！」張宇涵說，北一女球員常

北一女籃球隊拿下二〇一二年HBL后冠，寫下「綠來瘋」的傳奇故事。（方濬哲攝）

常睡不到五小時，假日有時候還得練球，只能透過休假喘息的時候，彼此鼓勵安慰，大家都是苦撐過來的。

北一女球員除了球技要紮實，對於課業成績也馬虎不得。球隊規定，只要考試成績不到及格標準，每少一分就罰跑一圈操場，有時候還採取「連坐制」，經常可以看到北一女隊員跑操場的身影。最慘的時候，還曾累積到兩、三百圈。

「我的數學和英文真的不行，曾經罰跑超過五十圈吧！」張宇涵在這樣的嚴格訓練下，二〇一二年獲台北科技大學錄取。類似張宇涵的學生還有很多，成軍十五年來，北一女籃球隊每年約有九成隊員可以進入公立大學，還有不少人拿到碩士或博士學位。

北一女籃球隊隊長張宇涵，私底下很愛笑。（方濬哲攝）

重視團隊合作，融入同儕活動

北一女籃球隊隊員常常一早到校，不是面臨小考，就是得參加練球，其他時間也跟著一般生作息；放學後，還得留下來練球到晚上九點半，完全沒有因為校隊的身分，而減少課業壓力。為了提升課業成績，不少老師甚至還義務替球員補課。

總教練駱燕萍鼓勵球員多跟同學互動，融入班上的活動，舉凡啦啦隊、演講比賽、詩歌朗誦或合唱團，球員也都要參加。駱燕萍說，

北一女籃球隊與校內男老師進行友誼賽。（方濬哲攝）

北一女籃球隊學生只要肯學、認真，不會因為是體保生，就被看不起或遭受差別待遇，反而因為和其他同學相處，也感染到北一女學生的自信和榮譽感。

國泰女籃體系出身的駱燕萍，二〇〇〇年加入北一女籃球隊，當了十年助理教練，二〇一〇年才接下總教練。她強調自己上任後，最重視的就是改造球員心理素質，以及重視球員的團隊合作。

嚴格黑臉教頭，強調快樂打球

林書豪「林來瘋」、「豪小子」的現象延燒，駱燕萍也鼓勵球員在球場上變成「女生版的林書豪」，在籃球場上要有自信，不必因為時間快到就慌亂，儘管屈就冷板凳也要秉持「永不放棄」的精神。「在我的球隊裡，沒有明星球

北一女籃球隊總教練駱燕萍，激勵球員永不放棄。（方濬哲攝）

員，每個球員都有表現機會。別忘了明星球員也要有苦力球員陪襯。我強調：與其打『贏』球，還不如打一場『好』球！」

駱燕萍治軍甚嚴，在球隊扮演黑臉的角色，雖然從來不打球員，卻常常不怒自威。球員若在品行或課業方面出現問題，就會受到禁賽或禁練的處分，對這些愛打球的球員而言，不能上場是莫大的痛苦。曾有一次球員吵架，駱燕萍當場處罰禁練，不准她們碰球，也不想和這群學生講話。這群學生當場嚇得不知所措，最後只好一起擋住駱燕萍去路，急忙連聲道歉後，才得到教練的原諒。

「假如沒有人扮黑臉，很多東西根本無法執行，所以我不怕『顧人怨（台語）』。」駱燕萍說：「就算我再嚴厲，也都希望球員在球場上開心打球。唯獨快樂打球，幸運才可能出現，就像張宇涵在二〇一二年冠軍賽投出幸運的三分球。」

青春「繭」影，拔出傳奇

大里高中（上）與景美女中（下）在全國錦標賽對決，是一場世界冠軍級爭霸戰。（張謙俊攝／中時資料照片）

「綠來瘋」在籃球場上引領風騷，放眼非主流運動的拔河戰場，景美女中、大里高中的努力也先後得到肯定。從高中校園激盪出的運動活力，已寫下景美女中勇奪七座世界冠軍的一頁傳奇。

景美女中於一九九四年成立拔河隊，歷經六年苦練，終於在二〇一〇年首度榮獲世界盃室內拔河錦標賽冠軍。她們的故事感動無數台灣人，大家紛紛為這群不在意美醜、只在乎榮耀的小女生喝采。

這群小女生的成功，並非一蹴可及。二〇一〇年，大家為了符合五四〇公斤級的比賽資格，全隊展開增肥大作戰，當時的隊長郭雅婷原本體重僅四十八公斤，每晚吃兩大碗飯和消夜，增重至六十公斤；隊員李汶霖則是胖了廿公斤，體重達九十三公斤。

選手們每天必須拉重達九十公斤的鐵塊，每次要撐住數十分鐘，手掌上厚厚的繭、手腕內側摩擦腫脹成厚繭，選手高佳儀說：「這些都是苦練後的烙印痕跡。」她也坦承練習很苦，曾經哭著想退出，經家人和教練郭昇勸說才打消念頭。

郭昇說，體重對拔河選手很重要，這些小女生為了比賽，不在乎美醜而刻意增胖，展現過人的意志力，然而每年還是有少數隊員離開，留在拔河隊者都有著超乎常人的意志力。

台中市大里高中女子拔河隊在二〇〇八年成立時，一開始只有一個隊員，但教練林子堯秉持「來一個練一個、來兩個練一雙」的想法，終於逐漸形成隊伍，不但在二〇一〇年勇奪世界盃拔河賽亞軍，二〇一二年更打敗八連霸的台北市景美女中，奪下全國錦標賽冠軍。

隱藏在亮麗成績單背後的，是隊員們在艱困環境下的堅持。林子堯無奈地說，雖然比賽成績不錯，卻因缺乏練習場地、幾乎沒有政府經費補助等諸多問題，這個隊伍慘澹經營，甚至已經快撐不下去。

林子堯強調，為了克服練習場地的問題，隊員們常常還得自己找樹、拉繩子，可說是相當克難，這是目前最大的問題。若能有專屬適合練習的場地，對學生們較有保障。

當年紅葉少棒隊用石頭當棒球、木棍當球棒，多年之後，台灣高中拔河冠軍隊伍同樣「克難」。政府當局必須健全基層運動環境，才可能培養出更多「台灣之光」。

執筆／林佩怡、林欣儀、趙麗妍

培養自信心，揮出紅不讓

棒球運動常用的「紅不讓」，整體代表的運動文化，長期牽動台灣人民的喜樂與憂愁，例如林書豪所引爆的ＮＢＡ「林來瘋」、林書豪與高爾夫球后曾雅妮都入選「TIME 100」（《時代雜誌》全球百大最具影響力人物）、陳偉殷在美國職棒大聯盟表現優異、王建民傷癒復出、曾雅妮與盧彥勳持續挑戰高爾夫與網球四大賽……一個個為國爭光的好手被捧為「台灣之光」，但也背負國人期待的不可承受之重。台灣社會如何在國族主義情感之外更提升視野與培養自信，已是面對「國球」等運動發展的重要課題。

不過，棒球與運動名將長期承受的期待與光環已太過沉重，撇開國族主義的歷史包袱，而單純回歸運動的快樂、看球的喜悅，才能真正落實「運動生活化」的重要目標。例如北一女籃球隊在ＨＢＬ掀起的「綠來瘋」狂熱，就是不需要跟他國競爭、屬於台灣自己的運動盛事與熱血派對。

而球迷在為旅美好手加油之際，若能藉此提升視野，深入了解美國ＭＬＢ、ＮＢＡ背後的運動文化，從而逐步建立屬於台灣自己的運動文化，則更有助於台灣在運動領域揮出多元自信的「紅不讓」，屆時台灣社會就不需要再透過「台灣之光」來證明自己了。

執筆／何榮幸、黃及人、高有智

揚眉吐氣，超越自我

一個又一個「台灣之光」帶動社會狂熱，展現台灣獨特的運動文化。文化評論家詹偉雄認為，台灣長年陷入外交困境，國族主義是無可避免的情感召喚，尤其「國球」棒球與「中華隊」皆背負過高的使命，但是台灣社會應該要學習如何超越。他強調，台灣社會應該把運動的意義「據為己有」，回到個人身上，成為日常生活意義感的重要來源，而非老是期待代表我方的選手去打敗歧視台灣的對手。運動對個人產生重要意義，是為了超越自己，並非僅在乎輸贏而已。

詹偉雄長期觀察台灣的運動文化，他指出，過去台灣長期未把「運動」和「體育」分開。「體育」就是為了強健體魄，或者是養生長壽；而「運動」則是現代文化的重要一環，像英國設有「文化、媒體和運動部」（ＤＣＭＳ），就是把「運動」視為大眾的日常生活中，產製生活意義感的重要來源，屬於現代文化的範疇。

近年來，馬拉松和單車運動人口增加，形成一股風氣，詹偉雄認為這就是個性化社會下，個人追求運動意義的趨勢。他分析，過去跑步是不得已，現在成為人們的樂趣，因為現代社會喜歡有個性的人，生活意義來自於自我選擇，並非被動接受社會賦予，獨特的生命經驗往往來自於對身體的獨特感覺。喜歡馬拉松與單車環島的人，也被視為有個性與有創意的主體。

五年級生的詹偉雄從小就喜歡打球，在一九八〇年代的苦悶大學生活中，透過運動和觀看比賽，才能得到稍許的超脫、昇華與甜美的時光。熱血的運動文化，往往也是青年學子難以忘懷的回憶。詹偉雄說，台灣的教育大都不求甚解，甚至是填鴨式教法，許多在課業方面表現不突出的學生，只能活在自我挫敗感之中，反而從運動得到補償，也是進入同儕互動的重要來源，成為青春期的重要回憶。

提到近年來造成狂熱的ＨＢＬ（高中籃球聯賽）籃球文化，詹偉雄在每年的八強賽都會帶孩子去目睹盛事。他說，高中球員奉獻三年的青春，就是為了能夠在球場揚眉吐氣的純真目標，不像是ＳＢＬ（超級籃球聯賽，台灣半職業性的男子籃球賽事），球員打球好像是公務員。熱血與純真構成了ＨＢＬ球賽的張力，也形成特有的青少年運動文化。

執筆／高有智

激發人心，妮是榜樣

世界高爾夫球球后曾雅妮入選二〇一二年美國《時代雜誌》全球百大最具影響力人物，成為台灣高球史上第一位獲此殊榮的球員，其成就對台灣之影響力，如同獲選「百大」的理由：深深激發人心、為社會帶來正面教育意義。

前球后索倫絲坦在曾雅妮入選「百大」人物時說：「毫無疑問，她的球技已經主宰女子高壇，給新一代選手注入活力；她感染人的笑容，可以立即抓住球迷與電視觀眾的心。」

台灣高球在曾雅妮揚名國際之前，已經沉寂多年，曾雅妮的出現，讓台灣高球發展再次出現新希望。每當曾雅妮在海外比賽，總是可以看到華僑、留學生不惜開車十幾個小時，拿著國旗到比賽現場大喊著：「妮妮！加油！」

二〇一一年，揚昇台灣錦標賽總計吸引近七萬人到場觀戰，這些球迷當中，不少人過去沒有打過小白球，單純只為一睹球后神技而來。台灣這幾年打小白球的小孩子明顯增加，球場、練習場與高球用品店的生意也變好了，更有小學把高球列入體育課程。值得一提的是，家長們都教導自己的小孩子，要學習曾雅妮挑戰自己、超越自己的精神，已把球后當成教育小朋友的典範。

執筆／張國欽

台灣運動大事紀

時間	事件
一九三二年	洛杉磯奧運，劉長春為我國參加奧運第一人，台灣選手張星賢代表日本參賽。
一九六〇年	羅馬奧運，楊傳廣奪得十項運動銀牌，為我國第一面奧運獎牌。
一九六八年	墨西哥奧運，紀政獲得八十公尺跨欄銅牌。
一九六八年八月	日本關西少棒聯隊來訪，連敗於紅葉隊及中華聯隊，台灣掀起少棒熱潮。
一九六九年	台中金龍隊贏得世界少棒賽冠軍。
一九七四年	立德少棒隊、美和青少棒隊、以美和為主體的中華青棒隊贏得「三冠王」的榮譽。 同年，譚信民成為第一位進軍美國職棒的台灣球員。
一九八四年	洛杉磯奧運，兩岸初次共同參加，蔡溫義奪得舉重銅牌，棒球隊贏得表演賽銅牌。 郭泰源年底加盟日職西武隊，莊勝雄加盟羅德隊，與郭源治展開「二郭一莊」時代。
一九九〇年三月	中華職棒元年首戰在台北市立棒球場開打。
一九九二年八月	巴塞隆納奧運，中華隊在棒球賽獲得銀牌。
一九九四年十一月	中華職籃（ＣＢＡ）元年球季開打。

一九九七年一月　第一次職棒賭博案爆發。

二〇〇一年十一月　世界盃棒球賽在台揭幕，中華隊贏得第三名，重新掀起棒球熱潮。

二〇〇二年九月　道奇隊陳金鋒成為第一位登上美國大聯盟的台灣球員。

二〇〇三年七月　洛磯隊曹錦輝成為大聯盟第一位台灣投手。

二〇〇四年　雅典奧運，陳詩欣、朱木炎在跆拳道比賽奪金。

二〇〇五年五月　效力洋基隊的王建民登上大聯盟，掀起「王建民旋風」。

二〇〇六年　林義傑獲得「世界四大極地超級馬拉松巡迴賽」總冠軍。

二〇〇七年　「黃金女雙」詹詠然、莊佳容贏得澳網、美網女雙亞軍。

二〇〇八年八月　北京奧運，中華棒球隊首次輸給中國。

二〇一〇年六月　盧彥勳在溫布頓網球賽打進男單八強。

二〇一〇年七月　郭泓志成為第一位參加MBL明星賽的台灣球員。

二〇一一年　曾雅妮登上世界高爾夫球球后寶座。

二〇一二年二月　NBA尼克隊的台裔美籍控衛林書豪掀起「林來瘋」，舉世矚目。

二〇一二年四月十八日　由日本職棒轉戰大聯盟金鶯隊的陳偉殷拿下首勝。

整理／廖德修

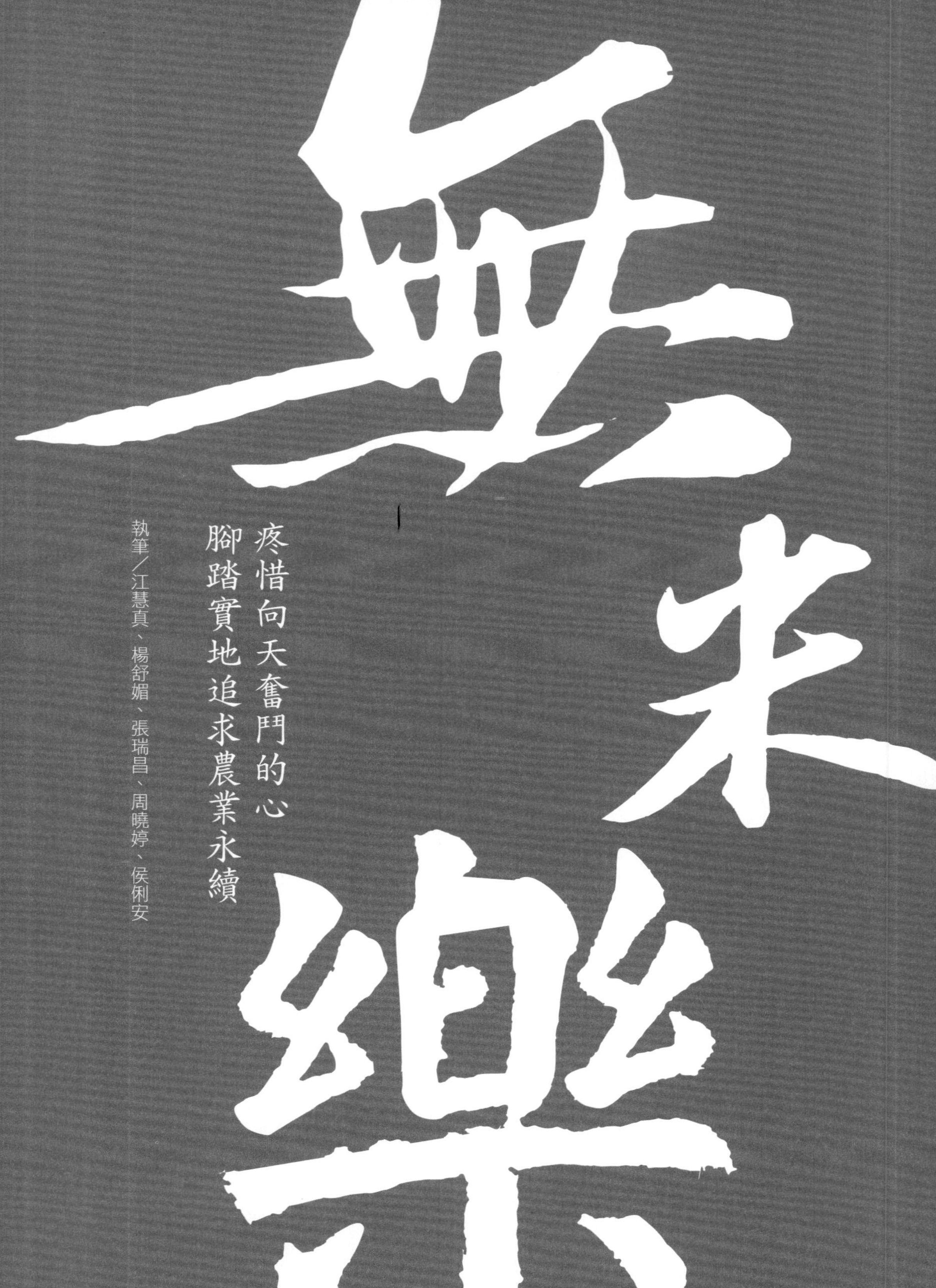
無米樂
疼惜向天奮鬥的心
腳踏實地追求農業永續
執筆／江慧真、楊舒媚、張瑞昌、周曉婷、侯俐安

關鍵字

「無米樂」一詞，源自二〇〇四年由顏蘭權、莊益增拍攝的紀錄片《無米樂》。影片描寫在素有「台灣大穀倉」之稱的嘉南平原上，幾個台南市後壁區農民的故事。對這一群耕種逾半世紀的老農民來說，農田就是他們的生命，他們敬天畏地、只求諸己，不論有米無米，都必須勇敢快樂。

根據紀錄片導演詮釋，「無米樂」有兩個意思，一是台語的「無米落」的諧音，感嘆歉收無米可收，只好用以安慰自己；另一是對照稻農處境，與其被收購盤商剝削，還不如休耕比較划算。「無米樂」除了透露出台灣農民樂天知命、絕不低頭、堅持農村永續留存的生活智慧之外，也成了晚近農業與土地的代名詞。

整理／江慧真

二○○四年，紀錄片《無米樂》揭開台灣農村的悲喜面貌，劇中樂天知命的崑濱伯（黃崑濱）因而家喻戶曉。戲外的真實人生，他嚴格律己、提攜後進，種稻近六十年，高齡八十四歲仍日復一日下田耕作。他始終樂觀信仰：「環境再差，稻子不死」。

經過這些年，台灣傳統農業是否走出陰霾？農委會的「活化農地」政策為何引起農民疑慮？著有《江湖在哪裡？》的農業觀察作家吳音寧，在二○一二年「反中科四期搶水」運動中站到最前線，呼籲政府重視農業發展困境，否則台灣將從世界上最成功的農業國，變成乾枯的荒蕪地。

此外，台灣有不少新力量加入今日農村，其中「上下游News & Market（新聞市集）」網站，報導新聞、結合社群，也成立農產品產銷平台，以跨界合作展現對台灣農業的關懷。

夾擊在工業發展和農村永續之間，台灣農業之路該怎麼走？本文透過崑濱伯和吳音寧跨世代對談，傾聽日日踩踏在農田上的第一線聲音；「上下游」網站成員馮小非、汪文豪則表達其關注台灣農業、彼此互助的觀點與實踐方式。

愛田、惜田，對土地懷抱深情

站在田埂上，望著迎風搖曳的金黃稻穗，讓人想起父祖輩曾引領我們走過的記憶。無論是來自濁水溪畔或嘉南平原，都有他們那一輩人世代傳承的堅韌身影。

台南芳榮專業區田裡，崑濱伯帶著年輕人忙裡忙外。綠油油的稻田中央，竟種出了一頭黑壓壓的台灣水牛，還寫著「無米樂」三個字。水牛、稻穗、無米樂，這是高齡八十四歲崑濱伯一

綠油油的稻田中央，種出一頭黑壓壓的台灣水牛。（台南市無米樂稻米促進會提供）

曾經說過「種稻像戀愛」的崑濱伯，至今依然以談戀愛心情對待稻作。（中時資料照片）

生的血汗告白，也是台灣農業悲喜交錯的農村曲。

「這不是噴漆啦！這是彩繪田，菲律賓特別品種，葉子是黑色的，才有這個效果，一邊長，還要一邊修那頭黑牛啦……」崑濱伯爽朗笑語不斷，但問起農委會主委陳保基一時語快的那句「老了就把田交出來」，崑濱伯收起笑臉，「吃過苦的人，對土地有多深的感情，怎麼能說交就交？要交給誰？」

傍晚時分，台南後壁的菁仔寮，落日餘暉映照窗櫺，赤腳的崑濱伯坐在椅子上，笑著回答媒體提問說：「把田地交出來？若聽政府的話穩死ㄟ！」種了一輩子的田，和土地種出一世人的感情，崑濱伯始終沒有把這個說出口。

拿鋤頭、拿筆，可是兩回事

台灣農村式微，農委會端出「活化農地計畫」，三年鎖定連續休耕的五萬公頃農地，鼓勵種植具外銷潛力或有機認證的作物；無力或無意願耕作的

崑濱伯始終樂觀信仰：「環境再差，稻子不死」。（范揚光攝）

老農，可把田租給大佃農，除了收租金以外，還有老農年金或離農津貼。

政府或許好心，然而，對於已經厭煩「朝令夕改」的老農而言，這會不會又是一個「騙田話術」？他們在心中打上了問號。崑濱伯語重心長地說，老人家巡田時，不但看自己的也看別人的，誰家草沒除、苗歪了，都會雞婆大罵，那是愛田惜田的心。工業發達，也不該丟掉農業，「放棄自己的田交棒？那也得由我們自己來揀人！」

崑濱伯觀察，年輕人想學，至少要認真兩年才能上手，每天要巡田、看水、觀天氣，「但讀的冊裡沒有苦滋味、沒有日照，也沒有汗水啊！」近年有人打崑濱伯的主意，問他：「你這塊田足水（很美），我很欣賞，退休後來種，賣不賣？」崑濱伯沒好氣地說：「拿鋤頭和拿筆可是兩回事！」

農業、環境，生命中的甜蜜負荷

秋日午後，彰化溪州的三合院，伴著徐徐清風，在高聳的樟樹林蔭下，詩人吳晟向來訪者說，農業與環境是他人生退休後最關切的兩個議題。一旁的友人註解，那其實也是吳晟生命中最後的甜蜜負荷。

從台北回到彰化，這幾年，吳晟的女兒吳音寧看農村看得更透徹。小時候會念書的她，把課本裡「春耕夏耘、秋收冬藏」背得滾瓜爛熟，但下田一看，完全不是這麼一回事啊！她感慨：「都市裡很多活不下去的人，想回農村，把家裡的田接過來，但是政府沒有完善配套，叫老人把田交出來，年輕人卻接不上。」農作物耕種細節複雜，稻子雜糧蔬菜水果，樣樣是學問，然而制度不完備，造成技術接不上、收入不穩定，年輕人覺得不如回城市打臨

吳音寧。（范揚光攝）

時工，到頭來農村還是留不住人。

真正該思考的，是國家的農業政策定位，政府到底想不想發展農業？吳音寧舉例，政府把地方托嬰所改制為幼兒園，導致偏鄉托兒所不符法規而裁撤關掉，但是教育和農村生存環環相扣，嘴巴說活化農村，犧牲的卻是偏鄉教育資源？台灣四周環海，如果沒有農業，一旦圍城就是空城，「農業不單是農民的議題，更是全民生存的基本問題、全球糧食的安全問題，不能只把農村當成社會福利、救濟補貼去制定政策。」

與農爭地、與田爭水，農業政策應重新定位

台北高等法院判決撤銷中科二林園區開發許可，（編按：判決理由指出，這個開發案將過度徵收農地，甚至惡化糧食安全和永續發展，加上二林是彰化地層下陷最嚴重的地區，水源供應和廢水處理問題沒有解決。）但政府與田爭水的戲碼恐怕尚未落幕。崑濱伯說，當年水庫、水圳是為農民開墾的，不是為工廠，「早期農民為了水路工程都要付錢，像蓋曾水文庫，一年

糧食安全不容輕忽，豈能為經濟犧牲

農委會推出「活化農地」政策，卻引起農民質疑。台灣農村陣線發言人蔡培慧認為，當社會已把「農村式微」拉高看成「糧食安全」議題時，政府不能只想擴大耕種規模，應重新思考農業定位和農村價值，農業到底要為誰服務？離農津貼、農地釋出不是不可行，但是活化農地最後若變成投資工具，照顧的究竟是小農、大農還是財團？

蔡培慧分析，台灣過去的農地政策，傾向規模大才有競爭力，然而台灣的問題在於，一是沒有新的勞動力，二是產銷環節出問題。政府高喊擴大農村規模，但台灣面積小，是否應採取「雙軌進行」？一軌是具有國際競爭潛力的農產業，如台灣鯛、蘭花、熱帶水果等，土地使用不多，卻有高經濟產值；另一軌則是供需平衡，少樣多量化的供應，如糧食作物、蔬菜水果等。

當台灣農村萎縮，沒有新的人力，已不只是簡單的「沒賺到錢」問題。蔡培慧指出，意識型態的歧視更需要突破，幾十年來，社會普遍認為「做農沒前途」，農業很難現代化地成長，鄉下人常掛嘴邊的「才情的飛上天，憨慢的留身邊！」就是農村無奈的寫照。

「關鍵在於沒有給農業一個基本的尊重！」蔡培慧以德國為例，強調都市和鄉村取得平衡、農工同等重要，工業是生活便利，農業則為民生穩定，但是政府沒有做出好的詮釋，永遠接受主流社會單向經濟發展的看法，回應給農村的政策都流於福利政策、老農年金、離農津貼、肥料補貼等。

更嚴重的是，農業蕭條了，政府還把農業的生產資源搶走，尤其是土地徵收。蔡培慧說，政府認為農業不重要，所以和農村搶地、和農田搶水；不只搶農民的地，更巧妙運用名目徵收台糖土地；相思寮（編按：位於彰化縣二林鎮，在中科二林園區開發案中被徵收為園區用地）被徵收前就是大糧倉、缺水區，不該開發，還有彰濱工業區可利用的選項，然而在縣市長選舉的政治力下，開發案還是硬過了。

台灣獨尊發展主義，政治凌駕專業，想到土地就想到錢，「過去地方派系以此換取特定利益，但是這模式已經老化了，農民已經不耐煩了！」蔡培慧說，人們應該警覺，台灣的資源、稅金、水、土地是為了服務經濟？還是追求永續台灣？農業難道只是被犧牲的其中一個選項？當土地儲備制度導致農地愈來愈零細化，很多農地一旦賣出就「回不去了」。

執筆／江慧真

反中科搶水自救會於二〇一二年五月在凱道前舉辦記者會，吳音寧（左）與農民蔡麗月陳述為保衛水源飽受威脅，難過落淚。（中時資料照片）

要繳八千元，我們廿年來也繳了十六萬元，當時的八千元可是很大耶！」

「田和工業區都要水，衝突還會繼續。」吳音寧一語道破，最初的休耕制度，就是從「沒水」開始：政府說，這邊工業區不能一天沒水，但那邊農田卻可以休耕，「把水給了工業區以後，創造出來的經濟產值是什麼？進了誰的口袋？」把六百公頃農地變工業區，農地變成工業用地，若無工廠進駐，工業用地再變閒置用地，這不是一再的浪費？

政策是桌上寫的，種稻是田裡做的

行政院端出「雲彰黃金廊道」，吳音寧嘲諷荒謬至極：一是農業新方案竟然是為了救高鐵？二是這裡素以濁水溪米著名，卻要強制改為種小麥、玉米？政府對農業的基本認知到底是什麼？她呼籲政府：「別再侵犯農民的土地了，老了交出來是交給小農還是給企業？或是要建立跨國植物工廠，花錢請外勞來種？」

為解決稻米過剩，馬總統鼓勵多吃米，還下公文到地方要每人「多吃一口飯」。吳音寧反問：「為何不檢討採購流程？你的軍隊呢？學校營養午餐呢？」台灣要找出自己真正的農業價值，不是大規模大企業，而是適地適性，小農多樣性，朝自然生態發展。

拿到一百萬元的冠軍米獎金，崑濱伯成立基金會推廣農業，「但冠軍米是啥？是我有更多的責任。」農業政策常變，初一十五不一樣，今天年輕人錢丟進去了，明天改了，誰來關心死活？「政策是桌上寫的，但種稻（台語與『政策』相近）是田裡做的！」要官員下田去訂政策，是崑濱伯此刻心中

二〇一一年七月，台灣農運「遍地烽火」，農民上凱道以「堅持土地正義、力抗搶水圈地」守夜後，馬英九總統宣示「環保優先」。（方濬哲攝）

「三七五減租」、「耕者有其田」等政策曾經創造農產量，但是卻也造成如今農地零碎化。（中時資料照片）

最誠摯的呼籲。

結合「新聞」和「市集」，關懷農業的新動力

農業在不同時代有不同風貌，因應潮流變化，台灣有不少新力量加入今日農村，其中「上下游News & Market（新聞市集）」網站，自己報導新聞、結合農業社群，也成為農產品產銷平台。這股由第四權、社運、通路跨界合作的新興土地關懷，二〇一一年上線以來，對瘦肉精、營養午餐等議題的追蹤，引起了社群媒體討論、主流媒體跟進，及廠商官方決策改變。

「上下游新聞市集」是由馮小非、汪文豪、莊惠宜、蕭名宏、蔣慧仙、楊偉林，結合媒體、農耕、產製、網科、工藝等專業創辦。在第一線採訪的汪文豪說：「許多人對農業的刻板印象，只有『受害者』與『很可憐』的角度，但事實上，那背後存在很大的結構問題。」

他舉例，如上下游出手後，使台南市訂立《學校午餐自治條例》的營養午餐議題，一般媒體只著重弊案或食物中毒報導，但關鍵在食農教育和對小

朋友的食育教育；又例如，新竹竹東稻農莊正燈贏得了米界奧斯卡「十大經典好米」，可是「他那麼用心，每次開發工業區要徵收農地，第一個就想到他」。

獨立、專業媒體，自給自足找「真相」

「到底是怎麼回事？」馮小非從推動南投中寮「溪底遙」無毒農作開始，到參與九二一重建工作擔任「小地方新聞網」主編，至八八風災後成立「莫拉克新聞網」，一路挺進農業現場，

馮小非（右）與汪文豪等人跨界合作成立關懷土地的「上下游新聞市集」，運作以來受到廣泛注目。（范揚光攝）

她說：「我們畢竟是媒體出身，對真相有種執迷，想把真相告訴大家，當了解了事實是怎麼回事、世界是怎麼回事、國家與市場是怎麼運作，才能對農村不是只有『很可憐』的理解。」

有了探討台灣農業為何變如此的根本動能，「上下游新聞市集」在二〇一一年九月開站，馮小非說：「我們有兩個強烈的企圖心，一是想對農業有所貢獻；二是要以獨立、專業媒體定位自己。」之前做「小地方新聞網」的經驗給馮小非很大的啟示，只要支持者收手，「好東西大家就看不到了」，因此News & Market一開始就打定「自給自足」的方向。

用成本低的網站辦媒體是「自給自足」的方式之一，讓網站變成真的農業「市集」是另一個突圍方法。馮小非說：「我們對特別有感覺的議題主動進行農產品開發與販售。」

理想的純淨度，全賴對於現實的掌握度

馮小非指出，例如竹東阿燈得了「十大經典好米」，還比一些噴農藥的

「上下游」成立的目的之一是想搞清楚台灣農業到底發生什麼事。（汪文豪提供）

米便宜，「沒有賣不出去的道理吧？但是他的米真的賣不完，我們非常訝異。」於是上下游幫忙賣米，「現在一個月賣七、八百公斤。」馮小非說，我們真的想實際幫到農民，另一方面也打定主意，不收業配、不收廣告、不接政府單位的案子，不向現實妥協地活下去。

靠著賣好農產品支撐營運，同時也省錢節流。馮小非指出，他們預估，網站所需經費「一年兩百萬元就夠了」，於是，他們跑到台中找了一間一個月只要五千元租金的辦公室，辦公室裡堆了一堆農產品，「米啊、小麥粉都自己搬。」要知道包裝成本多少，工作人員在一個小時內自己拚命裝芒果青果乾，以計算人力成本，馮小非說：「畢竟理想的純淨度，完全有賴於你對現實的掌握度。」

馮小非講得更明白的是，「一開始就沒寄望靠募款維持運作」。上下游雖然設立了「共同發起人」募款機制，二〇一一年一次收一千元，二〇一二年改為三百元，但是「那只支撐不到十分之一的營運成本」，而且設立共同發起人的目的，「主要是與大眾進行互動，呼應業配的嚴重性，盼大家一起分攤營運成本。」

公民力量、農業生產、獨立媒體，互相幫忙

上下游結合「新聞」和「市集」運作，以「讓農業被了解」、「用真相而非使用行銷語言說服購買農產品」受到注目。馮小非說，有的媽媽因為看了兩篇營養午餐的文章就加入，還有人問：「共同發起人一次繳三百元會不會太少，可以一次繳五年嗎？」汪文豪表示：「原本在想讀者在哪裡，後來發現，在乎這個事情的人很多。」

上下游News&Market網站，報導新聞、結合社群，也成立農產品產銷平台，以跨界合作發出對台灣農業的關懷。（翻攝網路）

上下游News&Market新聞市集的辦公室兼發貨中心。（黃國峰攝）

「最棒的是，來的人什麼背景都有。」馮小非說，上下游有回響，整件事讓她看到，「不是只有我們自己的力量，是公民的力量。」她指出：「更有感覺的是，獨立媒體和主流媒體『逐漸合作』，主流媒體會跟我們的新聞，還會註明新聞來源。」馮小非說，一路下來，新聞幫忙了農業，農業生產支持新聞的獨立自主，「互相幫忙的感覺真是滿棒的。」

雷光火照、向天奮鬥，守護田園土地的初心

農業與土地是一道艱難又巨大的課題，但農政單位卻往往在執行政策時弄巧成拙。譬如要鼓勵休耕活化農地，卻爆出要老農交出土地的爭議；又比方要推出離農津貼，卻出現無人申請的窘況。

政策的制定與實踐，從來都存在著理論與實務的兩難，與留學哪裡或者自哪裡取經並無直接關連。換言之，看待農業與土地問題，關鍵應該在於「觀念」和「態度」。或許觀念需要變革，但不是一味地揚棄傳統價值；態度也許要修正，卻不是執意以專家自許。

毛豆化身台灣新綠金，不敵台糖搶土地

「毛豆先生」周國隆使毛豆成台灣新綠金。（周國隆提供）

台灣農產品過去曾靠西瓜走出國際，如今毛豆成為新綠金。根據農委會統計，毛豆二〇一一年外銷六三一三萬美元，大約十九億新台幣，產值僅次於蝴蝶蘭。

毛豆最重要的市場在日本，就像台灣人喝酒配花生，毛豆是日本人喝酒時的傳統美食。農委會副主委陳文德說：「台灣毛豆品種多元，產銷履歷完整，最重要的還是全面機械化採收，讓毛豆在六小時內急速冷凍加工，鎖住甜度及新鮮。」

台灣毛豆能有如此成果，幕後最大功臣全靠有「毛豆先生」稱號的高雄農業改良場副研究員周國隆。周國隆說，他一九九九年深入大陸探察後，發覺台灣難敵對岸工資低廉的大規模人工採收，於是走遍法國、義大利，尋找同是「用地性作物」的採收模式，隨後並重金引進法國矮性菜豆採收機，改良作為毛豆專用農機具，讓台灣毛豆採收全面機械化，搶下六小時內急速冷凍加工，維持甜度、鮮度的黃金時間。

經過十年整地及試種，原被預言只剩五年生命的台灣毛豆，在二〇〇八年反敗為勝，目前在日本市占率達四二％，穩居第一，二〇一二年還研發出本土種的芋香毛豆，可望開拓新市場。

隨著外銷數量增加，目前中南部已有三千公頃毛豆專區，十七位專業農民不僅年收入達千萬元，聘雇農民月薪也有近十萬元。綠金這麼有看頭，難道不怕技術被中國大陸學去？周國隆笑說，台灣另一項祕密武器，就是這家法國農機具廠商唯一駐台的技師，不但替台灣量身改良毛豆農機具，還在台娶妻，承接工廠。

遺憾的是，經濟部高屏大湖開發案在停擺十年後，於近日起死回生，台糖將撤銷六百公頃毛豆耕地租約，影響至少八十位農民，估計外銷產值損失逾四億元。看著再一次的毛豆危機，周國隆感慨，土地收回、產量無法滿足，將損失毛豆行銷世界的機會，把「新台灣農業奇蹟」拱手讓人。

執筆／侯俐安

這就是崑濱伯何以說「拿鋤頭和拿筆是兩回事」。在台灣這塊土地上，他已經見證了一甲子的農業發展，從早年的糧食局到地方派系掌控的農會、主管決策的農委會，看盡了政策反覆乃至與現實脫節，一句「政策是在桌上寫的，但種稻是在田裡做的」，道出多少農民的共同心聲。

走出冷氣房吧！這樣的呼喊不僅是來自一個長年務農的田莊阿伯，也同樣來自許許多多投入農業的年輕人。比如賣力打造農產品產銷平台的馮小非即認為，官員對農業的心態都錯了，像外國一口氣幾百甲的大契作，台灣根本沒有這種條件！

然而，即使農業環境如此惡劣，依舊還有不同世代的有心人，堅持耕種腳步，守護田園土地。那天要離開崑濱伯老家時，抬頭瞥見高掛在牆壁上的家訓——「雷光火照、向天奮鬥」，那八個字像刀刻般直嵌入腦海裡。

如果可以，請一起疼惜那顆向天奮鬥的心。

執筆／江慧真、楊舒媚、張瑞昌

科技農夫電腦犁田，一根手指種百甲地

頂著材料光電學士學位返鄉務農的蘇建鈞，靠著ＧＰＳ定位和Google map，規畫農機具行進操作動線，管理兩百多筆分散在台南多個區里的農地，投入三年，如今是年薪百萬元的科技農夫。

蘇建鈞返鄉務農三年，即使到田裡還能維持一身清爽，靠的是把科技導入田間管理。（周曉婷攝）

蘇建鈞表示：「台灣是小農制，一般農民的田地頂多幾甲，動線很明確，不太需要用ＧＰＳ定位。」他因承租的農地太分散，為了減省農機具操作成本，得規畫最佳動線，「動線簡化就是省錢，省多了就能創造最大利潤！」

廿七歲的蘇建鈞，本想畢業後存三百萬元開升學補習班，但大學時到加州研修理科兩個月，觀察到農業機械化大規模耕種的利基，讓原本覺得務農是苦差事的他，捨補習班夢想而回鄉務農。

蘇建鈞說，他務農不追求「最大營收」，但要爭取「最大利潤」，而動線管理則是第一步。因為家裡參加「小地主大佃農」計畫，連同租來的農地，耕種面積有八十五甲，「兩百多筆農地、四百多個地號，分散在善化、麻豆、官田、山上等區，光是巡田就要花上一、兩天，沒有動線管理根本做不來！」

蘇建鈞用Excel把十幾種雜糧作物的特性作生產端管理，又去高雄旗山向種植兩百多甲毛豆的侯兆百請教。侯兆百教他用ＧＰＳ定位，蘇建鈞靈機一動，再加入Google map，標出每塊田，規畫農機具行進動線。「農機具移動緩慢，油料及輪胎耗損很大，動線管理可以省成本，還能節能減碳！」

兩年前，智慧型手機尚不普及，蘇建鈞回家用電腦自己輸出農田區位及地籍圖，「給人家做大圖輸出要花一千多元，我自己九十幾元搞定，用膠帶黏起來一樣好用。」

「其實不是很深的技術，說穿了也不值錢！」第一年投入農業時，蘇建鈞幾乎有八成的時間待在田裡；現在在田裡的時間少了一半，其他時間則待在工作室裡操作電腦。他的夢想是，做一個可以坐在耕耘機上，輕輕鬆鬆看報紙、玩iPad，用一根手指管理上百甲地的現代農夫。

執筆／周曉婷

台灣農業大事紀

時間	事件
一六二四～一六六二 荷蘭治台：稻米輸中	亞魯布烈特・威爾斯（Dr. Albrecht Wirth）著《台灣島史》記荷蘭治台：「西元一六五二年，稻田面積幾乎達蔗園之三倍，專向中國輸出。」
一六六一～一六八三 明鄭時期：移民開墾	明鄭治台以「寓兵於農」解決兵糧問題，農產重心由糖轉米。
一六八三～一八九五 清治時期：魚米之鄉	「圳」等水利工程使農業快速發展，一七二五年台灣米已可運銷大陸，是經濟史標竿。
一八九五～一九四五 日本治台： 第一個黃金年代	一九二二年，磯永吉栽培成功蓬萊米，擔綱糧食外銷，是台灣農業黃金時代。 一九三〇年嘉南大圳通水，灌溉面積十三點六萬公頃，嘉南平原開始實施三年輪作制度。
一九四五～一九六九 國府遷台後： 第二個黃金年代	發布三七五減租、肥料換穀、耕者有其田等政策，雖然提高農業生產，也因「不等價的交換」造成剝削農民爭議，耕地也因此零碎化，朝向小農走向。
一九六九～ 農業停滯	經濟結構轉型，農村勞動力大量流入城市，廢耕現象明顯，農業發展進入停滯階段。
一九八〇～ 轉型精緻農業	政府提出培養農業八萬大軍、發展精緻農業等措施，訴求從量的發展轉向質的提高；另因政府決定擴大開放外國農產品進口，一九八八年五月二十日發生戰後台灣警民衝突流血最大規模農民請願行動，稱「五二〇農民運動」。
二〇〇二年～ 世界市場挑戰	台灣正式加入WTO，面臨貿易自由化與市場開放衝擊。

製表／楊舒媚

快活

元氣十足有精神
活得健康又暢快

執筆／張翠芬、謝錦芳、曾文祺

台語常用的問候語：「你有快活（噲活）嘸？」就是在問候一個人身心是否健康舒暢。在教育部國語辭典中，「噲」有稱心、暢快之意，音義通「快」字。「噲活」就是「快活」，正代表一個人有元氣、有精神。

以現代觀點來看，「快活」也有「樂活」的意思，代表一種健康、暢快、悠閒自在的生活態度。近年來，全球捲起一股「慢活」風潮，「快活」與「慢活」有異曲同工之妙。

因為，現代人生活步調過度快速緊迫，身心承受過大的壓力，加上飲食不均、日夜顛倒、不愛運動等因素，罹患癌症、慢性疾病的人數節節上升。要過得「快活」，人必須學習「慢活」。

「快活」強調的不是速度上的快，而是「快樂地活著」，讓身心滿足愉悅、獲得平衡，凡事「該快則快，能慢則慢」，以正確的速度與步調生活，少一些病痛、多一些悠閒，才是「快活」的真義。

整理／張翠芬

近年來，癌症、肥胖、憂鬱症等慢性病成了國人最大的健康威脅，再加上台灣已邁入高齡化社會，如何活得開心、活得健康，讓自己遠離病痛，是現代人必須面對的挑戰。

本文深入探討現代人的生活型態，由「快活達人」劉克襄與薰衣草森林、「緩慢」民宿執行長林庭妃，暢談與分享自己的「快活」人生，並分析這一股休閒旅遊風氣盛行的原因與影響。另外，台灣的醫療衛生快速進展，從過去傳染病防治及公共衛生的基礎，到現行的健保，讓民眾壽命大幅延長。前衛生署署長葉金川和在基層行醫半世紀的韓良誠醫師，一起探討現行的醫療生態，以快活的精神為人們和醫界帶來反省的動力。

走累時來杯涼茶，就是快活

曾經一早搭高鐵再轉客運到埔里最熱鬧的傳統市場，採買超市裡看不到的野菜嗎？有過漫步於北海道的千年之森，享受濃郁的芬多精，讓心情完全沉澱下來的經驗嗎？在忙碌的工商社會中，愈來愈多人透過簡單自在的創意小旅行，追求心靈的寧靜與快活人生。

劉克襄與林庭妃兩位生活家從旅行、徒步與飲食中，放慢腳步，品味生活，慢活亦快活。

「我幾乎每天都在旅行。」對劉克襄而言，生活即旅行，旅行即流浪。不需要飄洋過海，也不用古老的歷史來炫耀或憑弔，只要在台灣這個美麗的島嶼上，來幾趟短距離的移動，就可能發現台灣的細緻與遼闊。

劉克襄大約一周爬一次山，逛一次菜市場。他說，旅行時一定帶筆記本，看到特殊的人事物，用筆畫下來或者寫下心得，這是他快活的方式。究竟什麼是快活？他說，鄉下賣涼茶的小店招牌上寫著「吃涼」，這就是老式快活的寫照，當你走得很累時，來一杯涼茶，真是快活！

以《11元的鐵道旅行》、《男人的菜市場》風靡全台的劉克襄，一雙腳

作家劉克襄旅行時一定帶筆記本。（陳麒全攝）

薰衣草森林負責人林庭妃。（陳麒全攝）

凸全台，走遍大城小鎮。他說，走路是種思考，可讓思路更清晰。有時在路上邂逅陌生人，可以聽到很多故事；迷路時也會發生許多意想不到的趣事。喜歡逛市場的他，發現傳統市場裡的地瓜葉多達七種，這是大賣場裡看不到的，到傳統市場逛逛，會有意外驚喜。

緩慢生活樂趣多，身心舒坦

隱居在台中新社山區的林庭妃說，每天在樹下吃早餐，是她最快活的時刻，四周傳來各種動物、鳥兒的叫聲，有時還會看到兔子、猴子、山羌或山豬，她喜歡這樣簡單的生活。她認為：「在物質不缺乏的情況下，保持身心舒坦，就是一種快活，與西方的慢活，有相通之處；不過，西方的慢活有較多心靈層面。」

近年這一股休閒旅遊風氣的盛行，與實施周休二日，以及九二一與八八風災等重大災難，有很大的關係。劉克襄指出：「災難帶給人們的衝擊很大，山川地貌與家園遭到破壞後，人們重新思考與土地的關係，開始放慢腳步，學習對自然謙卑。各地民宿如雨後春筍般興起，帶動一股慢活的風潮。這是台灣非常迷人的地方。」

薰衣草森林成立迄今已十多年，林庭妃與詹慧君當初只因為想擁有一畝薰衣草田和一家咖啡館，懷抱著過簡單自在生活的夢想，兩人勇敢創業，在二〇〇一年年底創立第一家新社店。如今薰衣草森林年營業額逾五億元，連續三年為員工加薪百分之十，在不景氣的年代，羨煞許多人。林庭妃說：「這一切都像在做夢，沒想到公司規模會變得這麼大。」

二〇一〇年，薰衣草森林旗下的「緩慢」民宿，成為進軍北海道的第一家台灣企業。林庭妃說：「取名緩慢，是因為我們就是緩慢生活實踐者。民眾來此，很大因素是為了滿足或體驗緩慢生活的樂趣。」

薰衣草森林讓民眾置身大自然，享受快活與自在。（薰衣草森林提供）

建構公共運輸網，方便旅居

走過十多個年頭，薰衣草森林員工由最初的三人增加至現今的四百多人，每人每年有十一天的旅遊假，如果未休完假，則視為曠職。林庭妃說，為鼓勵員工出外旅遊、增廣視野，公司每年定期頒獎給旅遊天數最多的員工。「我很喜歡旅行，希望員工也有這樣的DNA。」

若要營造一個讓人們快活的環境，政府或企業可以扮演什麼角色？林庭妃指出，由於自己夢想成真，為了幫助年輕人圓夢，公司每年定期舉行「夢．想飛計畫」，幫助年輕人實踐自己的夢想，至二〇一二年已經舉辦了五年。此外，「香草House」每年定期甄選主人，以換工方式歡迎年輕人發揮所長。劉克襄認為，企業幫助年輕人圓夢，是非常好的現象，也是企業的社會責任。

劉克襄並指出，隨著銀髮族的大量增加，旅居（long stay）會愈來愈普遍，政府應建構完善的公共運輸網，讓銀髮族可以輕鬆地搭長程巴士出外旅居，避免大量使用私人汽車，也符合環保需求。

活得老不如活得好，自我管理

台灣銀髮族人口日益增加，人們活得長壽，當然是拜衛生醫療水準提升和就醫便利之賜。台灣成功撲滅瘧疾和小兒麻痺、新生兒全面接種B肝疫苗打贏肝炎聖戰，及全民健保奇蹟，都是眾所矚目、受世界稱頌的醫療成果。

人一生從出生到死亡都跟醫療脫不了關係，隨著時代演進、公共衛生醫療的進步、壽命的延長，過去因環境衛生條件差而經常出現的傳染病不見了，取而代之的是，因飲食不當、飲酒、吸菸、缺乏運動所引起的種種慢性病。

「老化已經變成一種美麗的負擔，不是幸福！」前衛生署署長葉金川一語道破台灣醫療發展到極致、人口嚴重老化所顯現的危機，現代人不需要去追求壽命的延長，因為活得老不如活得健康！醫療衛生發展已經到了轉捩點，人們要靠自己學會「快活」，靠資訊、靠自我管理，不再是靠別人或靠醫療體系。

目前在慈濟大學任教的葉金川，是全民健保推手，一九九五年健保啟動時擔任首任總經理；在台南行醫半世紀的韓良誠醫師，長期服務基層。葉、韓兩人都見證了台灣從醫療匱乏、傳染病猖獗，到現在醫療突飛猛進的轉變。

少吃多運動，神醫也靠走路養生

創立逾八十年的「韓內兒科診所」，由韓石泉和韓良誠父子兩代行醫看診，救人無數。韓良誠台大醫學院畢業後即接棒，以寄生蟲論文取得日本千葉大學博士學位，是國內寄生蟲權威，各

葉金川認為健保給付不能再包山包海，否則經費終究挺不住。（趙雙傑攝）

韓良誠醫師專精寄生蟲研究。（張翠芬攝）

種大大小小的傳染病，他幾乎全碰過。

古早年代，衛生環境差，有些小朋友同時感染蛔蟲、鉤蟲、鞭蟲，出現亂吃生米、木炭、泥土、木屑的「異食症」，天天挨父母打。韓良誠診斷是寄生蟲惹禍，治療後，小朋友怪異行徑消失，家長幾乎當他是神醫。

「別吃太鹹，體重要再減一點，要多運動！」韓良誠早年常看到的寄生蟲病，現在已經被高血壓、糖尿病等慢性病取代，每天，他不厭其煩地叮嚀老病患「多動少吃」。韓良誠認為，現代人活得久更要活得好，走路是最好的養生運動。他自己天天走路、每分鐘至少走一百廿步，也建議病人走路養生，以一分鐘走一百步的速度，天天走一小時，就可以鍛鍊腰腿肌肉，保持身體健康快活。

醫療非萬能，必須改變生活型態

數年前卸下衛生署署長職務後，葉金川可沒閒著，除了教書還主持廣播節目，平日騎自行車健身，假日則登山、跑馬拉松，他說：「愈忙愈需要運

紀政：每日萬步，健康有保固

紀政（右）推動健走，曾經帶領各國成員展開四十五天、總里程數一〇九九公里的全台健走行。（劉宗龍攝／中時資料照片）

「飛躍的羚羊」紀政與國人分享她身心很受用的體悟：「沒事多運動，多運動沒事。」

曾經是「地表上跑得最快的女人」，紀政慢下腳步推廣很適合國人的健走運動已經十餘年，「每日一萬步，健康有保固」成了台灣頭到台灣尾都響亮的「挖金」（walking，走路）口訣；健走，更走入了許多家庭，成為生活的一部分。

紀政不諱言：「我小小年紀時沒被虐待死，年輕時那麼苦的訓練我也熬過來了，我就是『拒絕讓悲傷的事滲透我心』。」紀政總是笑嘻嘻地全台走透透，周圍的人都能感受到她陽光般的活力，她慶幸自己擁抱許多美好的事物，包括生命裡極重要的元素：運動！

許多人都知道運動帶給身心的好處，但是真要說起來，如何維持習慣才是最大的關卡。紀政認為：「健康，是世界上最珍貴的東西，一旦身心健康，有什麼事是不能做的？而運動，就是讓人健康、快樂的基礎。」這就足以成為持續運動的動力。

她舉例，有一天，她在路上碰到一位太太對她說：「謝謝妳救了我一命。」原來這位太太有糖尿病，自從養成每天健走的習慣以後，即把血糖控制住了。紀政深信，健康不是用財富可以買到，運動與健康卻息息相關。紀政說：「任何一個國家，只要多數的國人愛運動，國家就能和諧。我們不要小看『運動』，那真的是愈動愈勇健。」

因為健走，紀政擺脫尿失禁的困擾，聚集更多的活力，所以她堅信，「推廣健走，散播運動的好」，是「人生值得做的事」，她也祈望常保快活，持續動下去、走下去。

國家衛生研究院溫啟邦教授曾經分析運動的健康效益，他發現，和不運動的人相比，每天運動十五分鐘（每周約九十分鐘）可延壽三年，可減少癌症、心血管疾病死亡率，無論男女老少都有效。

根據體委會二〇一一運動城市調查顯示，七二．二％的國人無規律運動習慣。對於沒有運動習慣的民眾，「健走」是很好的入門。你今天運動了嗎？不妨從健走開始吧！

執筆／曾文祺、張翠芬

動紓壓」。

「現在目標不是活得長，是活得快樂健康。」葉金川表示，一九九五年實施健保時，國人平均壽命是七十五歲，現在則已逼近八十歲。醫療太進步，人愈活愈長，已經造成社會「美麗的負擔」。他最羨慕王永慶，過世前一天還在努力工作，完全不必住院占床浪費醫療資源。

葉金川認為，過去推動公共衛生，例如預防接種，是以最低成本達到最有效的傳染病防治；現在的醫療太花錢，發展已經走到頂峰，因為抽菸、飲食失衡、不運動所引起的疾病，都不是醫療能解決的，要靠改變生活型態、自我照顧。

不過，多數人還是習慣依賴龐大的醫療體系「顧健康」，外界把醫界人力五大皆空，怪罪在健保給付偏低，葉金川直言，醫療費用早晚有一天會撐不住，這不是健保的問題，現代人要過得「快活」，「不是靠醫療，是靠自己！」

資源有限，健保給付不能包山包海

醫療支出年年成長，專家疾呼，健保的錢一定要用在刀口上。（中時資料照片）

全民健保從一九九五年開辦，成效備受國際讚譽，財務卻一直處於負債窘境，健保該怎麼走下去？專家大聲疾呼：「錢一定要有效地用在刀口上。」因應台灣人口老化，及早規畫三代、四代健保，已經勢在必行。

前衛生署署長、現任亞洲大學教授的楊志良表示，德國早在一八八三年就開辦健保，迄今逾百年，其間歷經多次變革；台灣健保的給付和照護，一定要跟著與時俱進。

楊志良分析，台灣健保支出占國內生產毛額（ＧＤＰ）不到七％，每人每年醫療費用不及美國的六分之一、英國的三分之一，健康水準卻與美英相當，嬰兒死亡率及孕產婦死亡率比美國還低，台灣是以相當低的醫療費用，讓全民受到完善的醫療照護。

因為有健保，人人看得起病，早年因病而貧、為治病而傾家蕩產的悲劇，及醫界的紅包文化不再，楊志良說：「這是台灣的驕傲，也是台灣的奇蹟！」

「全民健保必須在中間偏左的政策下才能推動，如果是右派政府，欠缺社會互助精神，大家只能『隨人顧性命』！」楊志良說，在二〇一〇年，健保費率從四·五五％調高到五·一七％，原先高達六百多億元的負債得以紓解；但是台灣一定要趕快規畫三代、四代健保，才能因應人口老化海嘯的到來。

擔任健保局首任總經理的葉金川坦言，當初健保規畫使用年限是廿五年，二〇一三年元月二代健保補充保費已上路，恐怕也撐不了多久。健保給付不能再包山包海，在資源有限的狀況下，一些高投入低產出的「無效醫療」應該放棄。

他舉例，呼吸器依賴病患耗用大筆健保經費，早年在沒有自動化儀器的時代，重症病患呼吸器是人工按壓，一開始由醫護人員做，然而因為人力不夠，會訓練家屬幫忙；多數家屬徒手壓了兩天後，已經筋疲力竭，就願意拔管放棄治療。他認為，重症呼吸病患以及某些癌症標靶藥物，都是低效益的無效醫療。

葉金川說，人口老化時代來臨，健保已經走到極限，政府需要規畫全新的架構因應，給付須截頭去尾，選擇最有價值、最有效益的項目。只是，當國人習慣享受種種低廉的健保給付後，誰來砍這一刀，將是政府面臨的嚴峻挑戰。

執筆／張翠芬

行醫這條路，期許有人帶來盼望

對於醫生一窩蜂轉往醫美發展的現象，葉金川認為：「如果想當台灣第一刀，現在就要選外科。」若是只求輕鬆好賺，人人都做整型醫生，「社會不是生病了嗎？」他並不擔心醫療人力不足，因為供需會自然達到平衡。

韓良誠則認為，「行醫態度最重要」。未實施健保前，他的診所就設有加護病房，且廿四小時全年無休；現在，診所依然沒看健保，他看診就像與朋友聊天，特別是細心的臨床診斷，醫病互動從眼神、聲音和觸碰，獲得各種疾病訊息，絕不是冰冷的精密儀器可取代。

他回憶，幾年前有一位六十多歲的農夫，全身無力、臉色蒼白，在醫學中心一年內做了五次上消化道檢查、兩次大腸鏡，都找不出原因；他以甘油灌腸，親自檢查糞便，當下找到寄生蟲鉤蟲卵，解開病人長期貧血之謎。

只是，行醫這條路近來變得有點坎坷。韓良誠提起兩段小故事：一九三八年全球經濟大蕭條，賽馬界一匹三流小馬「海餅乾」，奇蹟似地連勝卅三場比賽；二〇一二年，歐債危機籠罩全球，一個受歧視的板凳球員，奇蹟似地在NBA賽中竄起，他就是林書豪。

在黑暗年代，林書豪及三流小馬「讓不可能的事發生，為人們帶來盼望」。他也期許年輕一代，能成為「為人們帶來盼望的人」，這才是「快活」的人生價值！

高齡海嘯來襲，智慧應變

當社會處在黑暗時代，如何點亮一盞希望的燭光，端看抉擇的智慧。眼

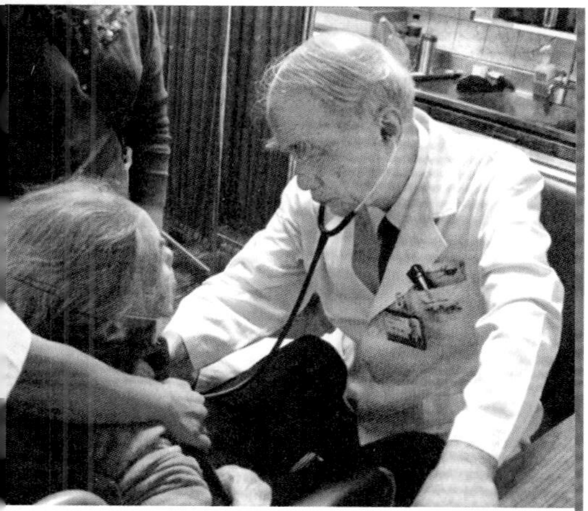

韓良誠醫師非常重視與病人的互動，對於每位病患一定悉心檢查、詳細問診。（張翠芬攝）

見高齡海嘯迎面而來，必須仔細思考快活之道。

台灣人口在一九八九年突破兩千萬大關，密度躍居全球之冠，但在少子化的潮流下，國人生育率一度跌到全球最低。據統計，台灣六十五歲以上人口已經超過總人口的一一．二%，在未來十三年內，將以「三級跳」方式快速老化，預計至二〇二五年將躍升為「超高齡社會」。

不過，平均壽命逼近八十大關的背後，凸顯一個嚴重的社會問題。台灣男性平均壽命為七十六歲，女性為八二．七歲，女性比男性多活六．七歲；但是由於女性運動比率比男性低，各年齡層失能率普遍較高，男性生活無法自理、需別人照顧的時間是五．七年，女性卻達七．二年。

試著想想，如果壽命延長，卻只是天天奔波在醫院，或躺在養護機構由人照料，延長病痛折磨的時間，而不是盡情享受生活、到處遊山玩水……這是你想要的長壽與快活嗎？

醫界在功利主義、商業掛帥下，不斷追逐營運利潤與醫療科技競技，各種昂貴新藥、新儀器，或許可以延續末期病患幾天甚至幾個月生命，但是對病患及家屬而言，到底是幸福還是痛苦？

活躍老化，享「壽」人生

每個人都會面臨老化威脅，身處在追求速度、講究效率的潮流中，當人們生活步調快到一個極限，犧牲掉均衡飲食、運動時間……或許該好好反思，如何把腳步放慢，好好吃頓飯、好好睡個覺、好好做運動、好好找朋友聊一聊，專注經營自己的健康人生。

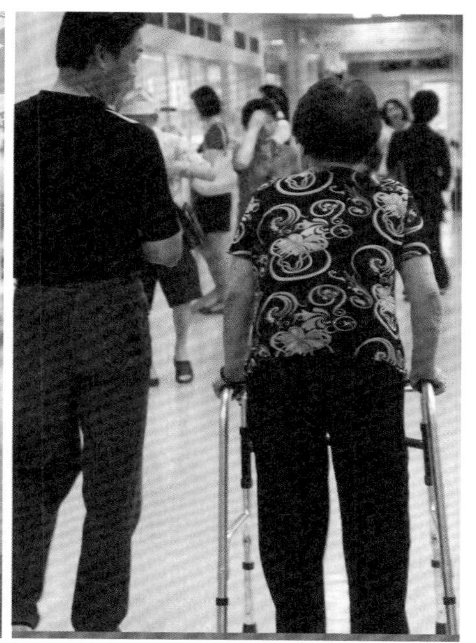

台灣步入高齡化社會，老年人口醫療需求日增，圖為民眾在醫院就醫畫面。（中時資料照片）

世界衛生組織近年大力提倡「活躍老化」，也就是活到老學到老、持續參與社會活動，維持身體、心理、社會各方面的活動和活力，希望延長「健康的時間」享「壽」快活。活得老也能很健康快樂，成為高齡社會進步的動力，而不是負擔。

執筆／謝錦芳、張翠芬

傾聽了解自己身體，找回身心靈平衡

愈來愈多國人紛紛加入瑜伽養生行列，藝人蔡依林、李詠嫻、武打女星楊麗菁等，都是瑜伽擁戴者，就連女神卡卡來台開唱，都急著找地方做瑜伽。不少企業名人包括國泰金控董事長蔡宏圖、前花旗銀行台灣區董事長、現任廣發銀行行長利明獻，也是瑜伽的愛好者……似乎，愈是忙碌的現代人，愈需要透過瑜伽重拾健康，保持身心靈的平衡。

在總統府前的凱達格蘭大道上，曾經有近八千位瑜伽同好齊聚，透過軀體伸展，釋放都會壓力。從宜蘭前來的八十一歲江阿菜女士，從事瑜珈運動近卅年，在現場展現軟Q身段，常被人稱讚「看不出年紀」的她笑說，瑜珈可維持身材，天天都有好心情，這就是她的保養祕訣。

為什麼瑜伽熱潮歷久不衰？中華民國瑜伽協會副理事長劉秀珍指出，前幾年瑜伽盛行一時，但多著重在體位法等動作姿勢的練習，目的在改善腰痠背痛、雕塑身材等。

現在瑜伽熱潮已經進入一波重整期，更強調「心靈層次」的修練。劉秀珍說，現代人憂鬱、失眠問題日益嚴重，透過瑜伽的冥想、打坐、呼吸，在動靜之間，與自己的身心靈對話，可以找到內心的快活與自在。

瑜伽可放鬆身心、紓解壓力、調整免疫機能，台大婦產部童寶玲醫師相當推薦婦女練習瑜伽健身。在門診中，許多有更年期困擾的女性，或因內分泌、自律神經失調所引起的身體不適，持之以恆練習瑜伽的呼吸吐納伸展，都可慢慢緩解。

國外研究發現，瑜伽能有效幫助特殊兒童改善專注力及肌肉放鬆與伸展，對於唐氏症、腦性麻痺、發展遲緩、自閉症、注意力缺乏及學習障礙兒童來說，是很好的復健方式。

有卅年教學資歷的劉秀珍強調，瑜伽並不是競技、比賽、表演，它要求每個人傾聽了解自己的身體，感覺內在意識狀況在改變轉化時，才能得到真正的健康。

目前瑜伽協會正在各縣市推動「瑜伽全民運動」，希望鼓勵不愛動的人加入瑜伽行列，讓身處於高壓城市的現代人，在瑜伽中找到安頓身心的力量。

執筆／張翠芬

台灣醫療衛生發展大事紀

時間	大事
一九四七年	省衛生處下令在各縣市成立衛生所。
一九六五年	聯合國人口年鑑顯示，台灣出生率及一般生育率居世界首位。
一九六五年	世界衛生組織宣布台灣成功撲滅瘧疾。
一九七一年	行政院衛生署成立。
一九七九年	連體嬰忠仁、忠義，在台大醫院進行分割手術成功。
一九八三年	癌症首度登上國人十大死因榜首。
一九八五年	國內第一個試管嬰兒在台北榮總誕生。
一九八六年	全面實施新生兒Ｂ型肝炎疫苗預防注射。
一九八九年	台灣人口突破兩千萬，密度躍居全球之冠。
一九九五年	中央健康保險局正式成立，三月一日全民健保開辦。
二〇〇〇年	ＷＨＯ認定台灣地區列小兒麻痺根除地。

二〇〇三年　國內爆發SARS疫情。

二〇〇五年　邱小妹醫療人球事件，引起社會關注醫療轉診制度。

二〇〇八年　大陸爆發毒奶粉三聚氰胺事件，掀起兩岸食品風暴。

二〇〇九年　我以「中華台北觀察員」名義重返世界衛生大會WHA。
全球爆發H1N1新流感疫情，台灣展開防疫大作戰。

二〇一〇年　內政部統計，台灣生育率跌到〇・八九五%，生育率全球最低。

二〇一一年　台灣爆發塑化劑事件，衝擊食品市場。

二〇一二年　醫護人員過勞而鬧人力荒，引發「血汗醫院」改革聲浪。

二〇一三年　二代健保元月正式上路。

整理／張翠芬

那魯灣

原住民共同象徵
我們都是一家人

執筆／高有智、王志宏、江慧真、黃力勉

那魯灣（Naluwan）中文有時也寫作「娜魯灣」，經常出現在阿美族、卑南族等族的歌謠中，包括〈那魯灣歡樂歌〉、〈除草歌〉等膾炙人口的歌曲；也有不少華語或台語歌曲混入「那魯灣」的歌詞，例如〈我們都是一家人〉等。

目前普遍說法都將「那魯灣」當作虛詞，這是原住民音樂常見的部分，透過虛詞表達情緒起伏。但是也有部落耆老認為，「那魯灣」是從前阿美族人海上捕魚時，想念故鄉的詠嘆。

台灣原住民族目前官方認定的十四族，各有不同語言文化和風俗習慣，很難有共同的代表性詞彙；不過，一般民眾對「那魯灣」印象深刻，也常連結到原住民社會，成為共同的象徵。在二〇〇四年的「台灣觀光年」，經過民眾票選，觀光局就以「那魯灣」當成觀光問候語。此外，除了中華職棒外，新成立的「台灣職棒大聯盟」，也可稱呼為「那魯灣台灣大聯盟」。

整理／高有智

原住民族是台灣土地最早的主人，先來後到的移民，命運都跟原住民族緊密相連。台灣是多族群的社會，原住民族的歌舞、語言、文化和生態智慧，甚至體育場上的卓越表現，具有豐富與迷人的魅力。原住民族文化是台灣的重要瑰寶與資產，在全球化時代中，成為台灣特色之一。

本文由不同世代的原住民音樂工作者對談，剖析當前原住民音樂文化廣受歡迎的現象與背景；同時也深入新竹後山，採訪司馬庫斯部落的傳奇故事，探索泰雅族人如何守護土地，發揮共同分享的傳統精神。透過音樂人和部落工作者，帶領讀者一窺當代原住民族的文化力與生命力，如何影響台灣社會，成為台灣向前的重要新動力。跟著原住民音樂的節奏一起搖擺吧！

不同世代和部落，同愛音樂

近年來，原住民的音樂與文化掀起一股熱潮，在二〇一二年的金曲獎上，阿美族歌手以莉．高露更是一舉連奪三項大獎（最佳新人獎、最佳原住民語歌手、最佳原住民語專輯），大放異彩。原住民大聲唱出自己的歌，唱出土地的聲音，從過去的邊緣地位搶攻主流市場，終至占有一席之地，展現自信與美麗風采，譜出一頁台灣生命力的樂章。

素有「民歌之父」封號的胡德夫和音樂鬼才舒米恩，兩人暢談音樂創作的心路歷程，以及原住民音樂文化發光發熱的背後因素與故事。一老一少的組合，跨越不同世代，也來自不同部落，儘管成長背景懸殊，卻同樣熱愛音樂，也持續發揮音樂的力量影響社會。

自稱第一代「都市山胞」的胡德夫，生於一九五〇年，十二歲離開家鄉嘉蘭部落，獨自北上求學。他曾經流浪在都市打工，白天在工地綁鋼筋，晚上

《很久沒有敬我了你》音樂劇在國家音樂廳演出，原住民歌手大合唱的動人畫面。（王錦河攝／中時資料照片）

到餐廳與咖啡廳唱歌，因緣巧合捲入了新民歌浪潮，並投身關注原住民權益運動。

「早年的都市生活中，許多原住民選擇隱藏或否認自己的身分，避免異樣的眼光。」胡德夫舉例說，他的同學儘管一看就是阿美族人，卻始終不承認，甚至講台語還要刻意講得很標準。

六年級生舒米恩，在其求學成長的階段，台灣早就經歷一九八〇年代原住民運動時代洗禮，社會包容度也增加了，然而他還是一度選擇隱藏自己

胡德夫說：「鄉愁是我創作與歌唱的原動力。」（陳信翰攝）

舒米恩創作的原動力來自於部落，透過音樂呼籲更多人關心東海岸的土地與原住民文化議題。（陳信翰攝）

的身分。他自幼跟著阿公學習竹編與傳統文化，在高中之前，只喜歡創作中文歌曲，也不愛講母語，離家求學後，就不想回家了。

唱出台灣新共鳴，天籟「原」音

舒米恩在南部當兵時，苦於語言不通，而受到孤立排擠，然而也意外認識兩位家住台南學甲的弟兄，雖然是文盲，但是卻說得一口流利的台語諺語，也以自己的文化為榮。看到兩位弟兄對家鄉的認同感，啟發舒米恩回到部落重新學習，不僅創作母語歌曲，也帶領一群阿美族青少年學習部落文化，傳承部落教育。

台灣近來出現「哈原風」，他們認為，這有助提升原住民的認同意識，主流社會對原住民文化的接受度也大幅提升。胡德夫指出，一九九六年的奧運歌曲，「謎樂團」使用阿美族耆老郭英男的歌聲，原住民音樂一時蔚為風潮，許多台語歌曲也混入「那魯灣」等原住民語言與元素。過去他們唱原住民歌曲時，漢人社會根本無法了解，也無法欣賞原住民音樂的特色，經過奧運事件後，台灣社會反而一夕之間轉變態度。

胡德夫也分析，當前的哈原風潮和過去有不同之處，最主要是由跨族群的年輕原住民帶起，包括張惠妹、陳建年、紀曉君、舒米恩、巴奈與以莉．高露等人，加上《賽德克．巴萊》電影熱賣，打開主流社會支持度，讓原住民音樂文化大放光彩，出現豐收的黃金歲月。

吟唱出思鄉愁緒、社會議題

「不過，認同與認識仍有落差。」舒米恩說，主流社會對原住

溫嵐、A-Lin、張惠妹、張震嶽等四位原住民歌手，在台北「山地之夜」同台演出。（中時資料照片）

台灣近年掀起一股「哈原風」，《二○○九張惠妹世界巡迴演唱會》，張惠妹邀請原住民朋友登台參與演出。（中時資料照片）

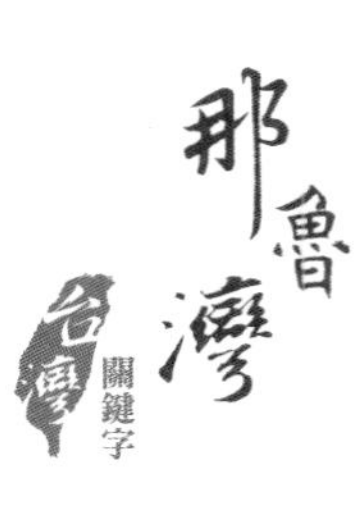

民的尊重比過去進步，也更能多元包容原住民音樂與文化，但是卻也仍然存在刻板印象。「其實，原住民早就活在當代，所以我用新的原住民音樂元素與創作風格，吸引更多年輕人。」

唱歌，讓原住民更貼近土地，更貼近家鄉。「鄉愁是我創作與歌唱的原動力。」胡德夫回首來時路，曾經獨自流浪在台北街頭，因為思念家鄉，在歌聲中可以看見故鄉的臉譜；沒想到，卻在台北異鄉看到愈來愈多的族人，讓他驚覺原鄉出現了問題，內心慌了起來。

資本主義的經濟模式改變了部落，胡德夫的音樂受到Woody Guthrie、Joan Baez和Bob Dylan等美國民歌手影響，唱出當代原住民社會問題，開始關心雛妓、海山礦災、核能廢料和九二一震災等議題，這些議題背後都有受苦族人的臉孔。

「唱歌是因為想家。」雖然交通便利了，回家也容易了，但是鄉愁依舊展現在不同世代的原住民音樂人身上，舒米恩創作的原動力來自於部落，透過音樂呼籲更多人關心東海岸的土地與原住民文化議題。

唱歌也是一種改變社會的行動。舒米恩用音樂打開新世界，他說：「年

災後重建不忘本，紮根傳統、走向世界

屏東縣泰武國小同學第一次出專輯，用歌聲清唱出災後的勇氣，也唱出對生命的熱愛。（陳麒全攝／中時資料照片）

二〇〇九年的八八風災摧毀不少部落學校，屏東縣泰武國小因此被迫遷校四次。原本擔心遷村到平地，排灣族文化會逐漸消失，沒想到，靠著傳承文化的堅持與決心，泰武國小在重建中找到希望，讓文化種子生根茁壯，也讓排灣族文化與世界接軌，古謠隊還拿下二〇一二年金曲獎「最佳音樂詮釋獎」，名揚全台，打造新世紀原住民教育的典範。

「古代有孟母三遷，泰武國小則是四遷。」泰武國小校長伍麗華說，八八風災造成海拔八百公尺的泰武村面臨地層滑動危機，政府因此決定遷村，泰武國小也必須跟著搬。然而危機就是轉機，不管遷校多辛苦，「我們都不要忘了自己是排灣族。」

泰武國小先搬到佳平國小安置，借用四間教室塞了七個班級，空間不夠了，只好搭帳棚使用。當時眾人認為泰武國小既有文化特色將會消失，但是伍麗華仍堅持學生上課要一如往常。學校沒有了圖書館，老師就把書櫃推放在走廊，上課時，讓學生方便借閱；等到放學後，再將書櫃推回教室。至於古謠隊與木雕班等傳統文化課程，則全都不能放棄。

幾經波折，泰武國小直到二〇一一年八月才順利搬到現址，在這段期間，校方仍持續傳承排灣文化。二〇一一年暑假，校方更利用閒置的佳興分校，開辦首屆「排灣族小學」，由耆老以全母語方式教學，指導打獵、採集、捕魚、雕刻、認識原住民植物等文化課程，好評如潮，二〇一二年並續辦第二屆。

泰武國小不僅扎根傳統，也走向國際化，禮聘外籍教師教授排灣族孩子英文，贏得「泰武國際民族小學」的封號。泰武國小的古謠隊，除了拿手的排灣族歌謠，包括台語歌謠、客家歌與日本演歌等都是表演的曲目，讓孩子學習不同民謠，領略多元文化之美。

執筆／王志宏

海岸面臨危機，掀起反對聲浪

「我們挺身而出，是為了下一代！」刺桐部落阿美族人林淑玲，近年來南征北討，串連各地力量反對台東杉原美麗灣開發案，如同許多原住民的心聲，從早年在街頭吶喊「還我土地」，如今回到部落就地戰鬥。反美麗灣開發案的議題是當代原住民族捍衛土地的縮影，也是探討土地正義的重要課題。

反美麗灣開發團體在杉原海灘舉辦「千人牽手吼海洋」活動。（莊哲權攝／中時資料照片）

「我外婆住的地都被劃入開發範圍，我和家人竟然都不知道！」六十六年次的林淑玲，自幼在刺桐部落成長，曾經留學日本，也曾在台北異鄉工作，二○○一年回到家鄉，不久後，卻看到家鄉的美麗海灘面臨重大危機。

林淑玲說，美麗灣開發案ＢＯＴ土地就在刺桐部落，但是族人對此議題都一知半解。在環保團體的壓力下，二○○七年業者在部落舉辦說明會，他們才逐漸了解問題重重，然而飯店都已經快蓋好了，她也就此捲入了反對美麗灣開發案的浪潮。

回想童年時，林淑玲的母親曾經帶她到海邊採集海菜，小女孩興奮地在石頭上跳來跳去，族人也會到海裡抓魚。一旦失去海灘，父親再也沒有機會跟孫子述說海洋的故事，阿美族的海洋文化也會逐漸消失，「我們怎麼可以假裝沒有看見或聽見？怎麼可能置身事外？難道最後就只能在教科書裡看到昔日部落的生活情景？」

從環保團體的關心，持續擴大到藝文界的串連，反對美麗灣度假村的聲浪愈滾愈大，不僅是杉原海岸出現危機，花東海岸還有十餘個ＢＯＴ案等著闖關。二○一一年夏天，台東在地藝術家和音樂家串連挺身抗議，並且舉辦「千人牽手吼海洋」的宣示活動；此外，李宗盛、李烈、陳昇等藝人也發動藝文界百餘人共同聲援，美麗灣的議題躍然成為全國性議題。二○一二年還有不少音樂團體加入，包括歌手張懸、巴奈、以莉．高露與達卡鬧等人，也發起拒絕美麗灣的音樂會。

從一開始的孤單，林淑玲看到愈來愈多力量共同聲援，也看到了未來的希望。她期待，透過反美麗灣的行動，讓更多人關注花東海岸線的問題，也關心原住民族的土地議題。

執筆／黃力勉、高有智

輕人如果喜歡Bossa Nova音樂，我就創作Bossa Nova的情歌，告訴他們一些急迫又嚴肅的事情。透過音樂打開他們的視野，同樣可以產生共鳴的力量。」

夢中景象，預見部落未來

海拔一千六百公尺的深山部落司馬庫斯，世居馬里光群的泰雅族人，因為頭目倚岕的一場夢，找到了稀有的巨木群，開啟了部落觀光大門。二〇〇四年，族人簽訂土地共有協約，建立共同經營的模式，部落上百位族人就此共同生產、分享，泰雅族語稱為「德努南（Tnunan）」。他們摸索部落發展的道路，守護祖先留下的土地，一路跌跌撞撞，這場夢想還在延續中。

司馬庫斯的傳奇故事，透過公共電視拍攝紀錄片，屢屢獲得國際獎項，包括美國廣播電視界最權威的「匹巴迪大獎」（George Foster Peabody Awards），讓台灣的深山部落一舉登上國際舞台，然而，背後卻有一段艱辛過程。

司馬庫斯部落的巨木群，改變了部落的命運。族人克服多重困難，走向共同經營的道路。（呂家慶攝）

暑假旺季裡，司馬庫斯部落到處可見成群遊客和學生團體，目前每年超過六萬人次旅遊參訪，年收入超過兩千萬元。很難想像，這是尖石鄉最偏遠的部落之一，一九七九年才通電，有道路也不過是近十幾年的事情，過去因為籠罩著神祕面紗，還曾經被封為「黑色部落」。

二〇一二年七月，頭目倚岕在咖啡屋接受專訪，這裡是司馬庫斯的第一棟民宿山莊。「我曾經做了一個夢。」倚岕在二〇一〇年罹患了肺癌，雖然他戴著口罩，精神依舊抖擻（編按：倚岕於二〇一二年九月因肺癌辭世）。他說，一九九一年時，族人曾到桃園巴陵部落觀摩。當晚他在半夢半醒之

司馬庫斯部落建立「共同經營」模式，頭目倚岕（前排持枴杖者）與眾多族人共同生產、分享、照顧，摸索部落未來的道路。（呂家慶攝）

間，眼前出現一個景象，有一隻腳踩在拉拉山，一隻腳則落在司馬庫斯，他聽到天上傳來泰雅族語對他說話：「未來司馬庫斯也會像巴陵一樣熱鬧，人多到連土地都會震動。」

共同廚房，開啟合作契機

這個怪夢引起部落族人討論，他們依循夢的異象找到了部落附近的巨木群，族人開始轉型走向觀光，不過卻因惡性競爭，而造成內部失和。副頭目馬賽說，族人當時關係緊張，雖然星期天都上教堂敬

在部落廣場「生命之樹」的木雕前，司馬庫斯族人每天一早在此開會，分配工作。（呂家慶攝）

拜，在上帝面前和解，然而一旦出了禮拜堂，私下還是紛爭不斷。

一群婦女改變了部落。二〇〇〇年時，部落婦女會組成「共同廚房」，共同煮飯給遊客吃，這個契機啟發族人凝聚合作的共識。從「共同廚房」開始，包括民宿山莊和農場土地，逐漸整合成共同經營的型態，族人還曾經到以色列的基布茲（Kibbutz）集體社區參訪學習。

在共同信仰的凝聚下，族人追求傳統泰雅族的共享生活，從最初八戶開始，司馬庫斯成立共同經營的組織模式，目前設立三會九部，約有二十八戶加入，占部落八成戶數，人數多達百餘人，彼此共工共食。

部落自主，利益共同分配

司馬庫斯部落議會總幹事優繞說，部落不僅利益共同分配，也建立一套社會福利制度，包括醫療、教育、結婚、生育和建屋等都有補助。從幼稚園到研究所補助全額學雜費，部落也在竹東設有學生中心，提供免費住宿和零用金。

司馬庫斯族人共工共食，守護祖先留下的土地。圖為族人在小米田除草、整理登山步道。（呂家慶攝）

儘管族人希望能找回共存共榮的部落生活，但是擺盪在國家法令和部落自主之間，一路走來面臨不少挑戰。最受矚目的當屬「櫸木事件」，司馬庫斯族人採集風倒的櫸木，想要運回部落使用，卻因違反《森林法》而遭到起訴，法院最後判定無罪。就連部落一度想在入口處設置關卡，以管控遊客進出，也遭到法令限制。

部落內部的整合，也是困難重重。部落議會雖然訂有內規，但是對於沒有加入共同經營組織的族人，始終缺乏約束力。之前曾經傳出司馬庫斯的居民到宜蘭南山部落盜砍檜木，造成部落間的緊張，最後泰雅族八大流域耆老代表舉行和解儀式，各部落重組聯盟，希望能夠共同守護山林。

黑道威脅，土槍對抗手槍

馬賽等人也回憶說，曾經有族人串通外來開發勢力，他們也曾受到黑道威脅，雙方經過談判之後，族人展現捍衛部落的決心，黑道勢力才作罷，「他們有手槍，但是我們的土槍更長；他們有刺青，但是我們祖先千百年前就有紋面了。」

部落土地共管後，部落議會也訂定保育計畫，只要違反狩獵或盜伐規定，除了扣除薪資，情節嚴重者甚至開除會員資格，部落也會報案處理，並且加強巡邏工作。

「私心隱藏在心中，部落就不會長久。」司馬庫斯耆老語重心長。捐棄私心不容易，部落缺乏公權力，只能透過產業合作分享的過程，重新凝聚部落規範；但是他們相信，唯有堅持才是正確的方向，部落的孩子總有一天可以步伐一致，跟隨著祖先的腳步行走。

激盪「原動力」，豐富台灣風貌

「原住民族」的名稱，大家習以為常，然而這卻是經過一連串努力爭取的結果。從清朝時期的「番」，日治時代稱為「蕃」或「高砂族」，到國民政府時期，改用「山地同胞」，這些稱呼都是外來族群強加在原住民族身上的烙印，背後多少也帶有歧視與武斷的意涵。一九八〇年代開始，原運團體開始爭取「原住民」的稱呼，他們大聲說出自己的名字，也要求社會正視「原住民是土地最先的主人」。「原住民族」終於浮上檯面，也成為主流詞彙。

原住民族從來都不是單一族群，當前官方認定有十四族之多，其中還不包括漢化的平埔各族。不同族群展現多元的文化特色，也豐富當前的台灣風貌，成為台灣前進的「原動力」。

過去原住民族面臨許多生存危機，教育斷層、部落崩解，土地與文化不斷流失，族人也憂心成為「黃昏的民族」；如今原住民多了自信，卻仍在時代的夾縫中，尋找族群的未來。

從歧視到認同，留下美好資產

近年來，包括美麗灣開發案等土地爭議、蘭嶼核能廢料的處置、原住民族自治、歸還傳統領域或平埔族正名等爭議，這些與原住民息息相關的重大議題，不再局限於原住民族的內部事務；原住民的音樂、文學、藝術和文化穿透族群界限，也得到台灣社會更多共鳴與認同，這是台灣集體社會的公共議題，也是共同的文化資產。

舒米恩提到一個有趣的現象，他長期在部落傳承阿美族的文化，不僅原住民孩子學習部落文化，就連漢人的小孩也跟著學習，「文化是認同，不一定要有原住民血統。」

台灣社會走過歷史陣痛，從歧視到認同，原住民走得辛苦，然而，多元文化相互激盪碰撞，逐漸形塑成包容與開放的海洋文明，也是留給下一代台灣人的最美資產。

執筆／高有智

書寫展現關懷，傳承母語文化

擺盪在傳統與漢人社會的文化衝突之間，原住民作家的眼睛反映族群現實的困境，透過書寫，展現獨特的族群思維與美感。達悟族作家夏曼．藍波安的海洋文學，寫出達悟族人對海洋、環境和生命的熱愛，他期許，原住民作家對生態環境與族群生存困境繼續投注更多的關懷。原住民社會應該傳承母語文化，才不會讓下一代斷了語言和環境的親密關係。

原住民部落的生活和思維方式，不僅與土地緊密連結，也為文學比喻打開一扇奇妙視窗，豐富台灣文學創作。布農族作家田雅各以「一粒又半個月亮的日子以前」、「煮熟一粒蛋般大甘藷的功夫」形容時間。而達悟族重視月亮潮汐，月亮每天有著不同的名字；諸如「我今天是中潮」的表達，更意味著「不餓也不飽」。

童年時曾經夢想成為航海家，夏曼．藍波安也和許多原住民知識青年一樣，長大後離開了自己的島嶼和文化。他在台灣打工、求學，也寫詩為蘭嶼呼救，痛斥核廢惡靈，參與了一九八〇年代的原住民運動風潮；最後他選擇回到家鄉，回到海洋的懷抱，重新實踐達悟族的智慧和技能，也找回了自己的語言。

夏曼．藍波安認為，台灣社會對原住民小說好奇，不代表是對原住民文學的熱愛或重視；而台灣原住民作家群像的不同，也在於原住民來自不同族群，有其不同的社會組織和文化。除了不同民族關心的議題不同，他舉南美洲原住民作家為例，作家應對生態環境、族群生存有更多的關懷。

展望未來原住民社會的發展，夏曼．藍波安憂心下一代遠離了文化，失落了母語，原住民運動的傳承將會出現危機。他認為，當前母語課程的時數根本就不夠，原住民孩子如果只會說中文，反而是「變笨」，因為孩子不會用母語描述自己的土地和海洋，就算是身上流著原住民的血液，卻失去了祖先留下的傳統智慧，也失落了一切，語言和環境的親密關係就此不見了。

執筆／江慧真

台灣原住民族大事紀

年代	事件
一八七四年	爆發牡丹社事件，日本出兵台灣，牡丹社人死傷無數。清廷賠款了事，自此積極經營台灣，隨後推行「開山輔番」政策。
一九〇七～一九一四年	日本政府推行兩次「五年理蕃計畫」，以鎮壓討伐為主，威嚇懷柔為輔，進行高壓殖民政策。
一九三〇年	霧社事件爆發。
一九四二年	日本徵集原住民編成「高砂義勇隊」，遠赴南洋作戰。
一九八四年	「台灣原住民權益促進會」成立，揭開原住民運動序幕。
一九八八年	原運團體發起第一次「還我土地」抗爭活動，展開一波「還我土地」的訴求。
一九九四年	國民大會修憲通過「山胞」更名為「原住民」。
一九九五年	立法院通過《姓名條例修正草案》，恢復傳統原住民姓氏，不需冠漢姓。
一九九六年	歐洲樂團「謎（Enigma）」採用阿美族馬蘭社耆老郭英男的吟唱歌聲混音，並成為夏季奧林匹克運動會主題曲，因為未經授權，引起全球矚目。

一九九六年	行政院原住民委員會正式掛牌（之後改名為「行政院原住民族委員會」）。
二〇〇二年	陳水扁總統與原住民族代表舉行「新夥伴關係協定」再肯認的儀式，重申落實競選承諾。
二〇〇四年	原住民族電視台開台，並於隔年七月一日正式開播，成為亞洲第一個原住民族的電視台。
二〇〇五年	立法院通過《原住民族基本法》草案。 原民會明定每年八月一日為「原住民族日」，紀念修憲正名「原住民」成功。
二〇〇八年	台東知本卑南族舉辦年祭「大獵祭」，合法申請狩獵卻遭警方鳴槍追捕，引起原住民抗議，並串連原住民部落訂於每年二二八發起「狼煙行動」，爭取狩獵權與土地權等自主權。 都蘭灣阿美族部落集結反對興建「美麗灣大飯店」，並舉行宣示海權祭儀，守護傳統海域。
二〇〇九年	莫拉克風災重創原住民部落，遷村重建議題引爆爭論。
二〇一一年	電影《賽德克・巴萊》上映，激起台灣社會關注霧社事件與原住民發展等議題，創下票房紀錄，並勇奪國內外大獎。

製表／高有智

跨越族群的混搭文化
中西合璧兼容並蓄

執筆／楊舒媚、黃奕瀠、何榮幸、張士達

關鍵字

「台客」原指台灣在外遊子，曾參與「台灣民主國」抗日運動的丘逢甲，於《嶺雲海日樓詩鈔》中，就曾有〈四月十六夜東山與台客話月〉之詩。

一九五〇年代，此字眼被外省眷村幫派用來作為對本省幫派的貶抑。一九六〇年代末，轉為指台灣人中沒水準、流氓、鬧事者。一九九〇年代後，「台客」的光譜由極負面，朝「鄉土次文化」轉化；同時間，陳昇、伍佰等人具台灣活力特色的音樂創作接續出現。二〇〇五年後，主流媒體、流行文化進入，啟動了一波「台客文化文藝復興」，「你這樣很台耶」、「死台客」等話語，成為自我調侃或流行話，之後漸漸融入了「我是台灣人」的認同感。

外國不乏身分認同的轉化案例，例如日本，京都人原本以「江戶子」暗示東京人的低俗，後因「江戶是將軍所在地」及「町人文化」之發展，東京人開始以「江戶子」的「土生土長」自傲，與京都貴族式的「上方文化」分庭抗禮。

美國因Negro、Black都是對黑人的歧視，於是改稱African-American（非裔美國人），但不少具黑人族裔認同者仍寧願繼續使用Black自稱，藉以展現對原鄉同胞的認同。

整理／楊舒媚

「台客」在一九五○、六○年代是具有族群歧視意味的字眼，一九九○年代本土化風潮後變成一種流行；如今「台客」已象徵某種台灣認同與驕傲，台客新文化更為音樂、電影、戲劇等領域注入了重要社會力。二○一二年電影《陣頭》大賣，顯示這股文化新動力仍然強勁。

本文由兩位台客現身說法，透過最早參與「台客音樂節」的知名歌手陳昇，及以「台客天團」受到矚目的金枝演社創團導演王榮裕，帶領讀者進入台客新文化的深層觀察與反思。

絕對包容，就像什錦大雜燴

以《新寶島康樂隊》系列專輯奠定台客新文化風格，〈鼓聲若響〉等歌曲唱遍大街小巷的創作歌手陳昇，開宗明義強調「我的歌第一要拋棄的就是悲情」。在陳昇眼中，台客新文化「就像什錦大雜燴，裡面有豬肝、有蝦、有魷魚、油麵……你走遍全世界都不會吃到這種東西，它中西合璧、兼容並蓄，就是人家講的『丟係這味（就是這個味）』。」這種混合、包容的新文化，就是台灣最重要的軟實力。

一九五八年出生的陳昇，原本就是林強《向前走》專輯的幕後推手，自組「新寶島康樂隊」後，更與伍佰等人被視為台客新文化的重要象徵。

陳昇用一貫慵懶到「牽絲」的語調說：「台客文化最好的例子就是『海角七號』，連日本人的角色都有，像大拼盤，更好看、更溫馨。」「台客」一變成一種新文化、新

以陳昇、伍佰等人為卡司的台客搖滾演唱會，顛覆「台客」負面意義。（中時資料照片）

陳昇認為，多元、融合、趣味的國片《海角七號》最接近台客精神。（中時資料照片）

狀態的最核心元素，就是混合，並且絕對包容。

「台灣人自己混出了一種奇特的文化。例如，很粗魯，卻又很熱情。像作醮的時候要請十幾桌，還一定要去路上拉客人，怕沒面子……可老實講，我自己也變成這種人，外國朋友來，我就變台灣接待處，莫名地高興。」

多元混合，無心插柳柳成蔭

對於這種「奇特文化」，陳昇有他的論述：「隔著海峽，台灣島上偷偷

台客文藝復興，飆出電影新顯學

當范逸臣在《海角七號》片頭，從讓他挫敗的台北大都會回到屏東老家，也同時為國片開啟了一段至今方興未艾的台客風潮。從《海角七號》到《艋舺》，從《父後七日》到《陣頭》，台灣本土文化在短短數年之間，儼然搖身成為票房寵兒與賣座公式。台客不再是只限於穿著藍白拖、飆出流利台罵的狹義形象，而更是一種色彩繽紛且跨越族群的台灣文化進行式。

本土文化元素，早在一九五〇、六〇年代風行的台語電影，以及一九八〇、九〇年代間的台灣新電影時期，都曾一度成為主流。台灣電影凋敝十多年之後，新一波銀幕台客所收割的驚人票房，所反映的卻是在長久壓抑後終於出頭的集體情緒。電影裡存在於台灣每一個角落的小人物，都彷彿滿足了觀眾對於鄉土尋根的渴求，肯定了在地的價值，更宣洩了一種對抗外來霸權的民族情感。

《艋舺》開拍前第一次在媒體前公開曝光，就在精準的策畫下，選擇了鮮明而瑰麗的符號：男主角阮經天剃著小平頭、踩著拖鞋，一九八〇年代的服裝之下露出身上的刺青，以及頸上掛著的寺廟護身符。眷村軍人家庭背景出身的阮經天，從此搖身一變，成為台灣影史最酷帥的台客代表。台客氣味的元素被重新提煉重組，曾經被視為草莽俗豔的，如今成為當道的美學風格。

《海角七號》與《艋舺》讓台客文化成為顯學之後，台灣電影並未就此一帆風順，但在跌跌撞撞的試探過程中，本土文化逐漸站穩了足以與好萊塢電影分庭抗禮的票房實力。小成本而製作品質未臻精緻的《父後七日》，因道出台灣喪葬文化獨有的悲喜交織荒謬色彩，竟意外地小兵立大功。二〇一二年的《陣頭》同樣結合台灣特有的宗教文化，以及跨越世代與城鄉的情感衝突，再度創下驚人票房。能否抓住台灣觀眾的脾性與胃口，似乎比是否砸大錢請明星作特效來得更加重要。

然而，基於台灣有限的市場胃納，台灣電影意氣風發的台客風潮，卻終將成為未來進攻海外跨區域市場的兩難。銀幕台客風潮若達巔峰而轉型，將左右台灣電影能否邁向更大版圖的全面起飛。

執筆／張士達

地藏了一些物種在上面，就是所謂的『新亞種』。然後再從很久以前的明朝、清朝，一路帶過來一些『有的沒有的』；再之後，其實也要感謝國民黨和蔣介石先生，帶來很多精采的文化。」陳昇說，非常重要的，「台灣人把很多東西都留住了。」

至於近年形成的台客新文化論述，陳昇認為，應該是「無心插柳」的結果。

陳昇說，他常遇到計程車司機對他講：「陳昇喔，你一定自小就發誓要做有意識的歌手喔！」他通常回答：「沒咧。」陳昇表示：「千萬不要把我們建構成somebody，你如果把我們幾個找來問，一開始到底是如何思考這個偉大的東西（指台客文化），大家一定你看我、我看你。」因為，「我們完全沒有想什麼偉大的事，都是在想這首歌能賣多少錢、只想討生活。真要講起來，那是我們營生之餘的樂趣，是bonus（額外紅利），我們玩得很開心，但不是要刻意建構那個。」

但是他也承認：「無心插柳卻好像插出了什麼。」當人們對他說：「你哪ㄟ寫出我心裡的歌？」他會回應：「我沒有，我是寫我自己。」他認為：

「因為我們遇到的狀況是每個人身上都有的，這種東西是我們吃了這些飯、喝了這些茶，在這塊土地上被汲養出來的，不是刻意營造、不是偶然。」

熱情感恩，就是超強軟實力

這種「無心插柳」裡，也有陳昇不喜歡的東西。他說，最討厭那種砰、砰、砰三拍式、搥心肝的台語歌，因為「節奏代表一種性格」，「為什麼一

台客代表人物、創作歌手陳昇。（王爵暐攝）

定要『我將青春嫁到你家』？」他寫的〈純情青春夢〉，是「『送你到火車頭，轉頭阮要來走』，絕對絕對不寫一點兒委屈」。

陳昇解釋：「台客有時令人討厭，就是好像要引起人家注意一樣，要裝得很悲情。我的歌第一要拋棄的就是悲情。」因此，他組「新寶島康樂隊」時就在想：「再不自然，不管怎樣，就是要把多族群、多語言塞進一種律動裡。」他承認，像〈多情兄〉等台語、客語並用歌曲，「剛開始聽的時候很尷尬，但久了就習慣了，何況，『我們已經在一起生活這麼久了，不能互相硬塞一下嗎？』」

無心插柳的多元混合新文化，接下來怎麼走？陳昇說：「原本就是為好玩而玩出來，所以何必給自己一個框架。」他認為，「繼續暢快地過日子反而舒坦」，但是在過日子的當兒，台灣人絕對不能失去的，就是「熱情」和「感恩」。他說：「這東西如果一直存在，那就是我們超強的軟實力了。」

從厭惡到接納，發現母親是寶

對於「台客天團」金枝演社的創團導演王榮裕來說，則是經過一番曲折，才以傳統為基礎，開展「多元混合新文化」的繁花似錦風景。

成立將屆滿二十年的金枝演社，在台灣表演藝術界以「台客美學」開創獨有的品牌魅力，被媒體稱為「台客第一天團」。在「台客」仍是負面標記的年代，金枝演社以一輛金光閃閃的卡車為舞台，「走演」俗擱有力的胡撇仔戲，觀眾非但不嫌棄，反而大為讚賞肯定。「只要有自信、認同確立，就能超越符號原本的意義。」人稱「二哥」的創團導演王榮裕樂於扛起「台客天團」這個招牌：因為被肯定，所以「台」得很驕傲。

金枝演社導演王榮裕。（陳君瑋攝）

《胡撇仔戲——台灣女俠白小蘭》，用卡車做舞台，深入直擊台灣民眾的生活圈。（金枝演社提供）

位於八里舊雲門舞集排練場的金枝演社，一進劇團大門，就是供奉「戲神」田都元帥的香案，一旁貼著王榮裕母親的照片，再往裡頭走去，則是客廳和偌大的餐桌，演員們正在二樓排練場上課。承襲歌仔戲班傳統，金枝演社演員和工作人員早晚都在這個空間裡構思、排練和生活。

王榮裕的母親謝月霞，是知名的歌仔戲小生，儘管在艋舺有「喊水會結凍」的聲勢，卻得不到孩子的一句支持。相反的，王榮裕厭惡四處接戲遊走的母親，連帶也痛恨歌仔戲這個剝奪母愛的禍首。當時，「做戲」被視為低俗，戲子也會被瞧不起，王榮裕更不敢對別人說母親在歌仔戲班演戲。

「我剛接觸劇場時，覺得歌仔戲只是地方戲曲，不是藝術。」在一九八八年接觸劇場前，王榮裕是個刻意說標準國語，符合社會主流標準的普通上班族，直到他加入優劇場後，受其「自我文化尋根」計畫的啟發，為他開啟一扇門，「我那時才知道原來路就在腳下，母親就是我取經的寶。」

重拾胡撇仔戲，終於找回自己

正如同「台客」這個詞彙由貶抑反轉成流行一般，「母親的表演」在王榮裕生命中也產生轉折。他將母親的語言和演出，作為劇團主軸，藉此肯定母親的這一生。

一九九五年，王榮裕在《春天的花蕊》中加入歌仔戲元素，母子同台演出，隔年在《胡撇仔戲──台灣女俠白小蘭》中，他帶領團員演出母親的戲班故事，當時演員穿著俗豔的花襯衫，操國台日語交雜的口白，劇裡有歌仔曲調和搖滾樂，還唱著一首又一首老歌，簡直「俗」到不行。然而王榮裕得意地說，連大學生都被征服了，「笑到快瘋掉」。

「胡撇仔戲」原是歌劇（opera）的音譯。日治時代，日本殖民政府禁止歌仔戲演出（理由是傷風敗俗、教壞孩子），歌仔戲班為了生存，發展出「胡撇仔戲」，演員可以穿和服、拿手槍、吹薩克斯風等，展現多重混搭的特色。二、三十年前，台灣社會掀起文化重建氣氛，歌仔戲被扶植，胡撇仔戲卻被否定，學者評論胡撇仔戲「沒水準」，讓演胡撇仔戲的戲班也失去了

二〇一一年演出的《黃金海賊王》描述十七世紀台灣，多元族群文化混搭的故事。（金枝演社提供）

信心。

王榮裕將「胡撇仔戲」拾回來演。「當我第一次將胡撇仔戲搬到現代劇場，自己都嚇了一跳，怎麼這麼好看？」王榮裕這才知道歌仔戲已存在於他的血液裡，「戲劇是追尋自我的道路，演起這些戲，我終於知道自己是誰，我這一世人到底要做些什麼。」

走同樣的道路，是最大的孝敬

儘管近年來作品皆已躍上兩廳院等大劇場演出，王榮裕仍帶著劇團全台「走演」，如同過往的野台戲一般，每到一處，金光閃閃的卡車簡易舞台前，攤販會聚集成一個小夜市，觀眾也相揪鬥熱鬧，彷彿歌仔戲風華的舊時光再現。

王榮裕說，他心中的「台灣味」，就是眾多外來族群文化的混搭，「竹篙湊菜刀」的生猛沸騰，原本不是這裡的卻在這裡長出新的生命力，這也是金枝演社所追求的：「從土地裡長出的文化，最動人」。

曾陷入低潮的謝月霞，因兒子的劇團而被肯定，不但獲得金鐘獎，而且祖孫三代都擠蹭在戲班，好不快樂。

「我沒有辦法賺很多錢，讓母親過上好日子，但是我以和母親走同樣的路來肯定她，這是我最大的孝敬。」談起在淡水滬尾砲台演出《祭特洛伊》的場景，王榮裕眼中泛著淚光：「我想那是母親最幸福的時候，兒子做戲，孫子和她一起演戲……」

王榮裕的母親謝月霞是知名歌仔戲小生。（金枝演社提供，上圖）

王榮裕母親謝月霞和孫子王品果，一起演出《祭特洛伊》。（金枝演社提供，下圖）

王榮裕三代投入戲劇。圖為他和兒子王品果在台南演出前的互動。（金枝演社提供）

追尋認同，建構「我們的時代」

什麼樣子才叫「台客」？台客文化究竟是什麼？每個人的答案都不同，也不會有標準定義。但是，從這片土地長期滋養出來，混合各種文化、具有包容精神、象徵本土認同的某種新文化，卻正推動台灣社會不斷向前。這種新文化能不能建構出屬於全體台灣人民的「我們的時代」，將是觀察台客文化走向的重要指標。

僅以流行歌曲而言，一九八〇年代的〈心事誰人知〉、〈愛拚才會贏〉，唱出廣大社會底層人民心聲，這是台客；一九九一年雲門舞集〈我的鄉愁我的歌〉、〈故鄉的歌走唱江湖〉中，陳達和蔡振南等人的吟唱，這

平等對話，從斜視變正視

「台客」已經成為某種群體認同，然而，這種認同與詮釋卻是因人而異。曾經探討「台客」現象的台大社會系助理教授李明璁舉例表示：「對甲而言，這個稱謂源自族群歧視的記憶，於是『台客』彷彿舊的壓迫幽靈重返；然而對乙來說，一切都是當前生活風格的自由選擇，那麼『台客』就成了新的百變金剛誕生。」

就同一個字詞，不同世代、不同族群雖有共感，講出來的內涵卻不太一樣。李明璁在〈當我們台在一起：不斷台客論〉文中指出：「這些集體經驗的分享，或多或少具體而微地映照出台灣不同世代的族群關係、城鄉差距與階級分野，投射出台灣社會裡各種既存的矛盾、心結、焦慮，以及認同的差異。」

由於各自進入的角度不同，於是有人歡呼宣稱「台客文化」是一場社會行動者多元參與的論述與扮裝嘉年華，對此「正面肯定、叫好叫座」，卻也招來本土社團的反彈，認為此稱謂極其醜化形象。

李明璁表示：「爭議的出現，反映了『台客』在應然面的論述與實然面的情結之間，仍然存在相當程度的落差。」他指出，當這種落差仍然存在時，「要談任何『當前的』文化現象，關於過去、不同的歷史記憶所塑造出相異的情感結構，我們都需謙遜面對。」李明璁強調：「不要把一群實實在在生活在我們之間的人，奇觀化成英雄或狗熊，而應將自己也放進這個脈絡，在『我們之間』反覆探尋相關行為與言說的意義。」

他認為，應該透過平等對話，同理並處理各種因「台客」稱謂所召喚出的負面情緒，而後才能進一步，將「新台客」的多義性整個解放開來，讓「很台」的風格、認同與庶民文化，「從奇觀式的斜視變成日常化的正視，從認定俗豔的訕笑進步到能反思文化品評的標準。」

執筆／楊舒媚

林強〈向前走〉一炮而紅，對台客創作人是很大的鼓勵。圖為林強一九九一年跨年演唱會。（中時資料照片）

也是台客；然後，陳明章的《現場作品Ⅰ、Ⅱ》、黑名單工作室的〈抓狂歌〉、林強的〈向前走〉、電影原聲帶〈少年咧安啦〉、陳昇和黃連煜的《新寶島康樂隊》系列專輯、伍佰的〈樹枝孤鳥〉等，一舉顛覆了台客傳統的悲情形象，讓台客搖身成為一股文化新動力。

到了二〇〇五年伍佰、陳昇等人擔綱的「台客音樂節」，其實已經是這股文化新動力的商業行銷，台客早已褪去曾經被冠上的負面標籤，逐漸成為一種文化角度與生活型態，而不需要「被發現」或「被證明」了。

展現自信，多角度詮釋自我

有「台客盟主」之稱的伍佰說過：「我不知道什麼『是台客』，但我知道什麼『不是台客』。」他指出：「（台客音樂節）第一版海報出來，是一個穿拖鞋的年輕人蹲在地上抽菸，我說那不是台客，要改；第二版再出來，是『台客』兩個字上面吐了一口檳榔汁，我說那更不是台客，還是要改。」

伍佰強調，「『台客』是一個可以擁有、信仰的概念，『擁有台客』、『信仰台客』是當下一種自信的表現。同時，『台客』也是未來的，我們可以對它有所期待。」

有「台客第一天團」之稱的金枝演社，創團導演王榮裕則指出，台客已脫離「族群區隔」的原意，成為一種「連結」，連結這塊土地各種族群文化元素，因而大家都是「台客」，都需要從生活中彼此了解、互相體諒。

當然，仍有本土社團對於「台客」字眼不以為然，認為「在還沒有搞

清楚『台客』的歷史傷口前，就大聲稱呼自己是『台客』，是一種膚淺的自虐，甚至根本是一種投降主義。」

儘管如此，《海角七號》讓我們看見台灣文化多元混合的生活實相；《雞排英雄》演出夜市小人物的心聲；《陣頭》更重新詮釋過去被認為不入流的民俗傳統。學者陳建志也為甫過世的帽子歌后鳳飛飛下了這樣的註腳：「鳳飛飛兼容並蓄、華麗大方的特質，就是台客文化的精神。」

無論溫和或抗議，吶喊或嬉笑，台客文化精神以來自社會底層的湧動，繼續多角度地詮釋自我。就像王榮裕在表演藝術領域的長期感受：在追尋認同的過程中，「台客」其實是助力，而非阻力。至於台客文化能否發展成王榮裕期待的「我們的時代來臨了」，就要看台灣社會如何持續充實、多元詮釋台客文化內涵了。

執筆／楊舒媚、黃奕潔、何榮幸

霹靂布袋戲在濃濃台味中注入現代元素。（中時資料照片）

電影《陣頭》重新詮釋民俗傳統。（中時資料照片）

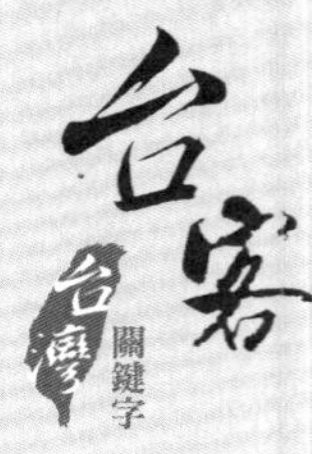

「台客文化」大事紀

時間	事件
一九七〇年代	鄉土文學運動為本土文化揭起「我有話要說」的序曲。
一九八〇年代	〈心事誰人知〉、〈愛拚才會贏〉等展露在地人心聲的台語歌出現。
一九八九年	電影《寒假有夠長》裡，眷村少年罵本省人是「台客」。
一九九〇年代	陳明章《現場作品Ⅰ、Ⅱ》、黑名單工作室〈抓狂歌〉、林強〈向前走〉、電影原聲帶〈少年吔安啦〉、陳昇和黃連煜《新寶島康樂隊》系列專輯、伍佰〈樹枝孤鳥〉等，都成為台客文化先鋒之作。
一九九一年	雲門舞集〈我的鄉愁我的歌〉、〈故鄉的歌走唱江湖〉中，陳達和蔡振南的吟唱，被視為「台客」文化始祖。 電影《牯嶺街少年殺人事件》中，「台客」字眼多次出現。
一九九五年	金枝演社演出《胡撇仔戲——台灣女俠白小蘭》。
二〇〇二年	網路上出現一篇〈台客論〉引起大量轉寄，開始有網友製作台客圖像、模擬台客寫情書的〈台客的情書練習〉等。

二〇〇四年	電視節目「兩代電力公司」讓台客們在電視上集體現身，「台客」從被汙名化的名詞，變成可以被表演的符號。
二〇〇五年	以歌手伍佰、陳昇等人為卡司，喊出「台客，你的名字是主流」演唱會，首度規模性地顛覆「台客」的負面意義。主辦人倪重華曾表示：「在林強的〈向前走〉後，『台客』已經是一種文化角度的生活型態。」 《誠品好讀》、《中國時報》人間副刊等媒體開闢專刊論議「台客」，正面評價那是一種底蘊，可以入詩、入歌、入畫。
二〇〇八年	電影《海角七號》掀起台客文化國片新風潮。

製表／楊舒媚

MIT

勇於突破創新
提升品牌形象再造高峰

執筆／謝錦芳、林上祚

從百年前的茶、糖、樟腦，一九七〇、八〇年代的成衣、洋傘、網球拍，一九九〇年代的個人電腦、晶圓代工，勤奮的台灣人民創下許多「世界第一」，這些MIT（Made in Taiwan）的產品，展現了台灣人民勇於突破創新的精神。

一九八七年，電影《致命的吸引力》中一把台灣製造的破傘，一度讓MIT產品蒙塵；二〇〇四年，由威爾．史密斯主演的《機械公敵》，描述二〇三五年的芝加哥，劇中的未來車由捷安特出品，讓台灣精品形象扳回一城。如今捷安特已成為兩岸第一品牌、歐美前三大品牌，更是高品質的保證。

走進廿一世紀，台灣的生活方式已經成為華人文化的代表，便利超商密度全球第一，餐飲、旅館、文創、國際醫療等各方面均有極大的發展潛力。展望新時代的MIT，將由製造邁向服務，為人文的台灣寫下新頁。

整理／謝錦芳

沒有豐富資源，也沒有廣大土地，這個寶島上的人民排除萬難、創新求變，創造了許多經濟奇蹟。隨著產業外移，許多代表台灣製造的MIT（Made in Taiwan）產品，也跟著外移，廿一世紀的MIT，該具備什麼樣的時代新義？如何從MIT走向BIT（Brand in Taiwan，品牌台灣）？

本文由台灣大學副校長湯明哲、王品集團董事長戴勝益共同深入剖析MIT的新義，與全民應努力的方向；商業發展研究院董事長徐重仁則傳授服務業突圍之道。此外，全球第三大機械零組件廠上銀科技董事長卓永財、亞洲最大健身運動器材喬山董事長羅崑泉，則分享創業甘苦與成功密碼。

經濟新動能，從服務業出發

一九九七年的亞洲金融風暴，讓韓國差點破產，然而韓國人民忍辱負重，政府從文化面著手，以好萊塢手法推出戲劇、音樂和電影，帶動韓國的手機、電視、汽車和飲食文化等多元行銷；十五年後，韓流在全球掀起風潮，國家形象提升了。看看同樣以出口為導向的台灣，在文化面有哪些提升

台大副校長湯明哲（左）與王品集團董事長戴勝益（右）認為，打造人文台灣，應從服務業出發。（陳志源攝）

呢？

台灣大學副校長湯明哲指出：「國家的印象主要由產品而來，例如，法國以香水、時裝聞名，義大利以汽車、皮件聞名，台灣則以高科技產品為主，但是近年產業外移，產品標示上多為中國製造，很多人不知道這是台灣的品牌。若要塑造國家的形象，應以文化為主，塑造人文的台灣，必須從服務業出發。」

王品集團董事長戴勝益感嘆：「卅年前，新加坡、香港和台灣同步發展，但是他們以

服務業為主，台灣則以高科技為主，如今星、港的大學畢業生起薪是台灣的一倍以上；我們政府決策錯誤，導致服務業起步太慢，造成今日大學畢業生起薪只有廿二K的窘境。」

發展轉個彎，突破廿二K窘境

王品集團營業額突破一百億元，雇用了一萬二千名員工。戴勝益說：「台灣如果早點發展服務業，有一百家王品集團，大學畢業生不會只有廿二K。」

戴勝益認為，以現代角度看MIT，強調的是「人」，觀光客來到台灣，最欣賞台灣保留了數千年中華文化，這就是台灣的優勢。二〇一二年來台觀光客約七百萬人次，如果每年增加二成，成長至一千七百萬人次，屆時帶動民間消費，大學生起薪很快可以變成四十四K。

你知道鼎泰豐起薪多少嗎？湯明哲舉出手機上的照片說：「餐飲服務專員起薪三萬八千至四萬二千元，洗碗作業員三萬二千至三萬四千元，這些都比廿二K高。鼎泰豐市場拓展至海外，收取高額權利金，這是服務業國際化的成功案例。」

景氣低迷，王品集團業績卻是強強滾，二〇一二年前三季每股稅後盈餘一一．四二元，預估獲利較二〇一一年成長三成。戴勝益指出，這是因為好品質獲得顧客肯定；其次，王品不做廣告，而是強調企業社會責任。為顧及社會的感受，二〇一二年取消大型尾牙，改為苗栗偏鄉一千五百位學童舉行園遊會。

鼎泰豐把中華美食文化推向海外，收取高額權利金，為服務業國際化的成功案例。（中時資料照片）

企業要成功，得靠優越文化

王品員工中，大學畢業者占六成七，每一位都必須從端盤子做起。戴勝益說，公司給予新人生涯規畫，提供員工分紅，每位員工可以從電腦中查看公司財務報表，依薪資比例分紅。員工月薪與獎金約一比一，如果月薪是二萬五千元，平均可以領到五萬元。財務透明加上高額獎金，員工對未來有願景，離職率只有一．六七％。

「顧客滿意度是提高品質的關鍵，王品員工把爭取顧客讚美列為第一優先。」戴勝益指出，二〇一二年十一月有一六四萬名顧客填寫滿意度調查，回收率七四％，這些問卷影響員工考績與分紅。最特別的是顧客投訴中心，公司成立廿年來，二〇一二年九月時，顧客讚美次數首次超過抱怨次數，他特別買了六百盒鳳梨酥請客，公司並製作獎狀表揚受顧客讚美的同仁。

湯明哲補充說，企業文化非常重要，企業的成功要靠優越的文化，這是王品高於其他企業的門檻。

走向全世界，提升附加價值

王品集團旗下有十一個品牌，二〇一三年將在大陸推出兩個新品牌。戴勝益分析，品牌成功的關鍵是市場需求，王品在大陸走高價化，在台灣強調庶民經濟，價位愈來愈大眾化，兩地的發展策略不同。

戴勝益指出：「如果台灣開一家店，大陸至少可以開十家，目前公司最欠缺的是高階主管，即使年薪五百萬元也找不到好人才。」他鼓勵年輕人朝

戴勝益認為，顧客滿意度是提高品質的關鍵。（中時資料照片）

連鎖店管理發展，未來這類人才炙手可熱。

「服務業規模擴大，管理變得很重要，這也是華人企業最大的罩門。」湯明哲說，所有程序標準化，要透過良好的電腦系統與員工訓練。他以晶華酒店為例，董事長潘思亮買下國際品牌麗晶（Regent），創下本土飯店買下國際品牌先例，主要獲利來自品牌授權與管理，這是提高附加價值的成功範例。

台灣餐飲業進軍大陸的

湯明哲認為，台灣在餐飲等服務業非常有潛力。（鄧博仁攝）

機會非常大。湯明哲認為，台灣可以發展出全球化的餐飲集團，透過開發大陸市場走向全世界。除了餐飲之外，台灣在教育、金融、旅館、文化創意等服務業都非常有潛力。

當經濟發展到一個成熟階段時，服務業的比重必定會超越製造業。湯明哲與戴勝益認為：「未來的『品牌台灣』不是以高科技為主，而應從服務業出發。」

服務業大革命，有特色有效率

歐美經濟疲軟，台灣出口嚴重受衝擊，國內服務業可能成為經濟發展的新引擎嗎？商業發展研究院董事長徐重仁受訪時指出，景氣好時，有人賺

商業發展研究院董事長徐重仁。（陳信翰攝）

錢，也有人賠錢，所以別把景氣當藉口；服務業要做出特色，必須重視技職教育，企業更須精耕；未來商研院將扮演資源整合者角色，號召優質餐飲業籌組聯合艦隊進軍大陸。

「流通業教父」徐重仁於二〇一二年六月間卸下統一超商總經理，十月八日接任商研院董事長新職，準備把過去經營統一超商的成功經驗傳承給年輕一代。

從麵包、零食、生活用品、現煮咖啡、影印、購票、取貨、洗衣、購買鮮食等，統

台灣超商密度全球第一，成為許多民眾的好鄰居。（中時資料照片）

一超商成了老外與陸客眼中最有特色的好鄰居。一手開創統一超商王國的徐重仁指出，這是一步一腳印走出來的，種善因，就會得善果。

四千八百多家便利超商要達到最佳服務品質與效率，關鍵在「流通革命」。徐重仁說，中央倉庫與物流搭配電腦管理，確保超商精準地補貨，這項流通革命成為許多企業模仿的項目，也是學校個案研究的主題。

統一超商最早使用預付卡，也是最早推出集點回饋的零售業。徐重仁笑說，有一位企業界朋友，原本不喝咖啡，為了幫女兒集點，每天都去統一超商報到；後來他好心送了一套點數給老友，但是老友認為集點過程比較有趣，因此婉拒了。

差異化是王道，更要物超所值

徐重仁說：「服務業要做出特色，一定要差異化，更要物超所值。統一超商的最大價值是便利性，並將這項價值無限延伸，發揮得淋漓盡致。」

許多大學畢業生感嘆起薪只有廿二K，徐重仁說：「目前服務業非常缺

人，例如夜班常常找不到人，管理人才也很缺。年輕人應該問自己有沒有物超所值，如果你的才能超越老闆的預期，企業主可能以一百K挖角搶人才呢！」

告別統一超商後，徐重仁出版了《青春筆記》，並設立臉書粉絲團，希望透過多元管道傳遞創業心法。他鼓勵年輕人認真學習，不斷提升競爭力。他以統一超商四千多家加盟店為例，有些店長原是工讀生、開計程車或做粗工，在加盟後努力學習經營，因而改變了人生。

對於服務業的未來發展，他認為，政府必須重視技職教育，培養多元技職人才；其次，服務業多半為中小企業，習於單打獨鬥，他準備號召十多家優質餐飲業者籌組聯合艦隊進軍大陸。

數十年來，政府在政策上偏製造而輕服務，徐重仁建議，如果政府要大力發展服務業，必須在資源分配上重新調整，以商研院的預算為例，每年兩億多元，只是工研院的零頭，實在不成比例。

吃苦當吃補，黑手出頭天

當「兩兆雙星」計畫失敗（編按：「兩兆雙星」計畫是行政院於二〇〇二年所提出的產業發展計畫，其中「兩兆」指的是半導體及影像顯示產業將各自突破一兆元的產值，「雙星」則是指推動生技製藥與數位內容產業成為具發展潛力的明星產業），科技新貴光環褪盡，台灣必須重新尋找競爭優勢時，過去「黑手起家、拎著一個皮箱走天下」的中小企業精神，再度成為焦點。

喬山健康科技如今躋身全球第三大。（中時資料照片）

位在台中的上銀科技與喬山健康，前者是全球第三大滾珠螺桿製造商，後者是全球第三大健身器材品牌廠商，兩家公司負責人頂著大學學歷，毅然拋下公家機關金飯碗，捲起袖子當起黑手老闆，為ＭＩＴ留下最佳註解。

喬山健康董事長羅崑泉年輕時當過三年小學老師，一九六〇年代帶著四個弟弟北上念輔大，「我從報紙分類廣告，找到『電器行徵學徒』工作，要二弟去應徵，一個禮拜內學會日光燈組裝。在物資缺乏的年代，兄弟們騎著三輪車，沿街叫賣日光燈、電鍋。」羅崑泉說：「我是被逼上梁山，一定得這麼做，不然一群弟弟怎麼活下去？」

拋下金飯碗，創業帶頭衝

一九七五年，羅崑泉再度放棄財政部海關工作創業。儘管什麼都不會做，但是他拿著美國工商通訊錄，一家一家寄信，上面寫著「I can do everything for you」。半年後，終於有一家公司回信：「一公斤十五美元的啞鈴，願不願意做？」

當時，羅崑泉連啞鈴是什麼都不知道。他問了幾位台中當地鐵工廠的翻砂師父，憑著二年海關經驗，精算出焦炭等材料的進口成本，推斷一定有利可圖，拿到人生第一張二百美元訂單。草創期間一切克難，翻砂用的沖天爐，用二根柱子吊著，啞鈴鑄鐵浸入漆桶後，就吊在竹竿上晾乾。羅崑泉在師專與輔大的同學，畢業後不是當老師，就是進銀行、外貿公司，「台中師範同一屆，雖然出了一個寶

上銀科技董事長卓永財曾任交通銀行主祕，四十多歲才換跑道當黑手。（中時資料照片）

喬山健康科技最初是幫美國公司製造啞鈴起家，董事長羅崑泉展示現今啞鈴產品，創業至今三十餘年，自創品牌走向科技健康器材，行銷全世界。（中時資料照片）

成總裁蔡其瑞，但是當黑手的只有我一人。」羅崑泉說。

淡江會計系畢業、曾任交通銀行主祕的卓永財，四十多歲才轉換跑道當黑手。一九八二年第二次能源危機，引發企業倒閉潮，在時任交通銀行董事長賈新葆的指示下，他跳下火坑參與三星五金債務重整。

「銀行團當時第一筆紓困融資在農曆年前撥下，當天是父親過世百日，我回新竹上香後，匆匆地趕赴台南發薪水給員工。」儘管三星被救了起來，眼前卻還有好幾家瀕臨倒閉的企業，等著卓永財跳火坑。

「有功無賞、有過要賠，正常的企業經營就已經這麼累，人生何必這麼辛苦。」卓永財離開交通銀行，創立企管顧問公司。一九八七年，台中一家生產滾珠螺桿的何豐精密發生財務危機，他認為機不可失，投資五千萬元入主，成為今日上銀精密的前身。

擁關鍵技術，韓難望項背

卓永財說，歐洲的精密機械發展一百多年，台灣落後人家幾十年，唯有加快腳步全球布局，取得關鍵技術，才能迎頭趕上。上銀成立隔年，就在美國成立分公司。

一九九三年，德國一家擁有四十年歷史的滾珠螺桿廠Holzer倒閉，有人問他有沒有興趣接手，他嗅到了商機。但Holzer破產管理人特助，卻不讓他進工廠，「台灣怎麼可能來買公司，還不是來偷技術。」他衝著這句話，硬是把它買了下來。七年後，上銀又向主要客戶韓國三星買下俄羅斯研發實驗室。上銀今日在滾珠螺桿的技術，韓國廠仍難望其項背。

喬山從代工到品牌，也經歷過二次轉型。三十年前，大陸業者開始生產

上銀科技廠房內的CNC加工機都是自行研發的設備，目前是全球第二大滾珠螺桿廠。（黃國峰攝）

喬山健康科技董事長羅崑泉，展示該公司產品橢圓訓練機。（黃國峰攝）

啞鈴，客戶要喬山半年內調整產品線，「喬山把當時全球知名跑步健身車拆開來研究，依樣畫葫蘆地設計一套產品，客人看了很滿意，代工的生意又做了十五年。」

「接枝」有一套，品牌響叮噹

一九九六年，美國客戶Trek Fitness面臨財務危機，羅崑泉用十萬美元接手，開啟了喬山的品牌之路。喬山充分授權美籍經理人，由美國研發團隊負責產品設計，台灣總公司負責製程的提升。喬山在上海雖有設廠，然而高階商用機種仍由台灣總部生產，「就像東勢農民，拿日本水梨的枝，嫁接在土產梨樹上，喬山的成功之道就是接枝原理。」

在上銀台中總部一樓，展示著上銀研發的機械人手臂，卓永財以「十年鑄一劍」，形容上銀在技術上的布局。上銀目前有上百個研究計畫同步進行，除了跟國內卅所大學合作外，還與英、德、法、瑞士等國研究單位進行產學合作，「上銀目前與台大實驗室共同研究人類手部運動，要靠這個技術賺錢，雖然還要等廿年，但為了長遠競爭力，現在就得布局。」卓永財說：「這樣的長期技術布局，台灣很少企業願意做，只肯抄短線，看到別家公司賺錢，以為要抄襲很容易，但這種爆發的機會是輪不到台灣的。」

上銀科技董事長卓永財，展示公司最新發展出來會視譜彈琴的機器手指。（黃國峰攝）

科技業風雲變，轉型不能等

個人電腦（ＰＣ）與網際網路的崛起，造就了台灣科技業卅年榮景。然而，隨著科技產品走向軟體應用掛帥，台灣不僅在品牌競爭上，落居美國蘋果、南韓三星下風；在成本競爭上，更面臨中國製產品的挑戰。網通大廠友訊過去二年及早轉型，推出高附加價值的雲端應用，或許可供其他業者借鏡。

廿六年前，從生產網卡起家，友訊和台灣科技廠商一樣，都是一九九〇年代網路普及、個人電腦需求起飛的主要受惠者。

「全球科技業的競爭，已經到了不可預知的時代。」友訊科技全球品牌暨行銷處協理鍾宜靜形容，以前談到上網，一般人只想到「人」的上網需求，現在，所有家電等資通訊產品，都有聯網需求，雲端應用的出現，讓未來的「物聯網」會長什麼樣子都變得難以預知。

更麻煩的是，友訊長期耕耘的新興市場，除美商思科（Cisco）等歐美大廠競爭外，這幾年更面臨中國普聯技術（TP Link）迅速竄起所帶來的殺價競爭。

過去的物美價廉形象，已經不再是利基點，友訊創辦人高次軒體認到，友訊不能只是一家賣硬體設備的廠商，因而在七、八年前提出「友訊二．〇的雲端服務概念」。

但是，從硬體到軟體，轉型過程是痛苦的。鍾宜靜表示，台灣科技廠非常了解產品，卻不了解消費者真正的需求，硬體掛帥的結果，讓台灣廠商習慣從生產技術角度出發，量化思考，就像家中的數據交換機一樣，早年，消費者購買網通設備後，這些設備就只能躺在角落生灰塵，跟消費者終端應用八竿子打不著。

為了提高產品附加價值，友訊這幾年開始認真思考，民眾「上網後」會有哪些需求？辦公室與家庭提供無線上網環境後，又該如何做好雲端儲存與安全監控？友訊的產品設計理念，從設備導向慢慢地轉為應用導向，二〇一〇年終於完成my D-Link應用平台，二〇一一年年底更推出雲系列產品，並且研發出結合iPhone與Android手機的ＡＰＰ，透過手機對家中３Ｃ設備進行遠端監控。

鍾宜靜說，雲端的技術門檻不像硬體這麼低，儘管友訊距離成功轉型還有一段路程，但是友訊的雲端生活應用推出後，主要競爭對手思科在二〇一二年也跟進，「這顯示友訊的轉型是正確的。」

執筆／林上祚

塑造品牌形象，須以文化為主

韓國大財閥包山包海，規模大到足以撼動國家經濟，令人民又愛又恨。相形之下，以中小企業為主的台灣，在天然資源極為貧乏的情勢之下，從個人電腦、筆記型電腦、監視器、鍵盤、主機板、光碟機、數位相機到晶圓代工，創造許多驚人的世界紀錄，實屬難能可貴。

不過，一九八〇年代後期，勞工、土地成本高漲，產業大量外移，許多高科技產品上的標示由台灣製造（ＭＩＴ）改為中國製造，台灣品牌形象難以凸顯。

儘管台灣在科技上突飛猛進，每年申請專利總數排名全球第四，但是企業付給外國的權利金卻高達一千七百多億元；擅長製造的台商，迄今仍然陷於低利代工模式，使得科技島蒙塵。宏碁集團創辦人施振榮日前表示，後悔於一九八九年提出「科技島」的概念，他強調：「要有人文創新，才能走出代工。」

從百年前的茶、糖、樟腦，到今天的智慧型手機與平板電腦，隨著時代

的演變，ＭＩＴ該有什麼樣的時代精神？台大副校長湯明哲認為，要塑造台灣的品牌形象，必須以文化為主；王品集團董事長戴勝益則認為，ＭＩＴ代表的是台灣人民。兩人的看法與施振榮異曲同工。的確，台灣保有的傳統中華文化、人情味與多元民主社會，正是發展觀光、旅館、餐飲、文創等服務業最寶貴的資產。

從科技到人文，創意再造高峰

據外貿協會公布的台灣前二十大國際品牌，二〇一二年食品餐飲業表現突出，康師傅、旺旺、美食達人、統一與王品等五家企業入榜，家數僅次於資通訊產業，顯示食品餐飲業的國際化具有相當大的潛力。在全球化的影響下，隨著外食人口增加，喜愛中國菜的人愈來愈多，台灣餐飲業若能提供物超所值的服務與用餐環境，創造出類似麥當勞或肯德基的全球連鎖系統，從兩岸三地、東南亞到歐美市場，商機無窮。

過去三十年來，政府全力扶植高科技產業，而忽略了服務業。儘管缺乏政府的關愛眼神，許多中小型服務業展現靈活創意，例如珍珠奶茶、泡沫紅茶，這些最庶民的飲料風行全球，也成為五星級飯店的招牌飲料，銷售珍珠奶茶的「日出茶太」（母公司為六角國際事業集團）從海外紅回台灣，成為興櫃新科餐飲股王。展望未來，從科技邁向人文，新一代的服務業將為「品牌台灣」再創高峰。

執筆／謝錦芳、林上祚

「愛情」無國界，虛擬「公寓」人氣旺

尚凡科技（愛情公寓）共同創辦人林志銘。（季志翔攝）

當今網路時代，社群網站與行動ＡＰＰ等虛擬服務，也能代表ＭＩＴ的創新，成立十年，目前正在申請股票上櫃的尚凡資訊（愛情公寓）就是其中之一。「愛情公寓」共同創辦人林志銘形容，網路創業的特別魅力，在於初期投入成本很低，不像其他產業有高資本額門檻，「可以允許你跌倒很多次，都還爬得起來。」

網路無國界，網路服務如果能跨越國界，前景自然無可限量。在虛擬網路世界販售「愛情」商品，愛情公寓不是第一家，然而它卻能抓住單身男女心理，成為橫跨兩岸的華人交友網站，還獲得工研院與中華開發的投資，成為台灣第一個掛牌上櫃的社群網站。

回憶當初的創業過程，一九七九年生的林志銘表示：「大三的時候，張家銘與我參加政大『iBoss』創業比賽，當時覺得創業很有趣，開始不斷思索網路創業，從家教網、開網咖、賣綠茶、影音分享，所有點子都想過。」二〇〇二年，在師大附中同學會中，張家銘與林東慶、舒羽凡三人，看到美國交友網站match.com在那斯達克風光上市，決定如法炮製，合資一百萬元成立交友網站。

幾個月後，他們的網站設計出來，隔天卻看到當時台灣最大的入口網站雅虎奇摩推出「奇摩交友」，三人整個傻住！他們到淡水找林志銘討論何去何從。當時，一百萬元的創業金燒了一半，即使公司收掉也拿不回多少，四人決定孤注一擲，從女性網友的角度出發，試圖與奇摩進行區隔。

「男生與女生消費行為不一樣，女生比較追求有氣氛的環境，一群女生會坐在古典玫瑰園喝下午茶，一群男生很少這樣。」種花、養狗、寫日記、扮家家酒……愛情公寓把女生喜歡的元素，放進使用介面，奇摩交友放一堆正妹照，吸引男性網友註冊；愛情公寓則刻意不強調大頭照，讓男性網友透過部落格的心情分享，先認識女性網友的內在。

二〇一二年十一月，愛情公寓還與全家便利商店虛實並進，推出男網友送女網友咖啡服務。相較於日韓社群網站Mixi、Cyworld，鋒芒在日韓當地被臉書蓋過，愛情公寓因為成功打入中國大陸、東南亞與北美華人市場，腳步相對穩健。「網路是全球的生意，業者一定要走出去，尤其是現在行動上網ＡＰＰ愈來愈普遍，沒有人會料到，何時會跑出類似Google、臉書的新應用，打翻遊戲規則。」

執筆／林上祚

MIT大事紀

一九四五～一九五〇年：光復初期

一九四九年　土地改革：三七五減租。

一九四九年　四萬元舊台幣換一元新台幣。

一九五〇年代：進口替代

一九五一年　美援開始。

一九五三年　政府實施「耕者有其田」。

一九五九年　經濟部長尹仲容提出「十九點財經改革方案」。

一九六〇年代：出口導向

一九六五年　美援終止。

一九六六年　全球第一個加工出口區在高雄成立。

一九七〇年代：二次進口替代

一九七二年　省主席謝東閔推動「客廳即工廠」。

一九七三年　十大建設。

一九七九年　開放出國觀光。

一九八〇年代：經濟自由化、新竹科學園區成立	
一九八四年	立法院三讀通過《勞動基準法》。行政院提出經濟自由化。
一九八六年	新台幣匯率大幅升值。
一九八七年	解除外匯管制。
一九九〇年代：產業升級	
一九九一年	國建六年計畫。
一九九四年	經建會提出「亞太營運中心」。
一九九六年	李登輝總統提出「戒急用忍」。
二〇〇〇年代：全球布局	
二〇〇一年年底	台灣加入ＷＴＯ。
二〇〇八年	兩岸直航。
二〇一〇年	兩岸洽簽ＥＣＦＡ。

資料來源：《我國產業政策與產業發展》。製表／謝錦芳

台灣出口明星比較表

年代	事件
一九六〇年代	農產加工品（洋菇、鳳梨、蘆筍罐頭）
一九七〇年代	紡織服飾、洋傘、聖誕燈、鞋、襪子、涼椅、帽子
一九八〇年代	玩具、網球拍、太陽眼鏡、縫紉機、自行車、遊艇、電視機、計算機、電子鐘錶
一九九〇年代	ＡＢＳ、聚酯纖維、ＰＶＣ、繪圖卡、個人電腦、監視器、鍵盤、網路卡、滑鼠、主機板、光碟機、數據機、掃瞄器、ＩＣ封裝、晶圓代工
二〇〇〇年代	筆記型電腦、ＰＤＡ、數位相機、高爾夫球桿頭、手機

資料來源：《國際貿易理論與政策》、《台灣經濟經驗一百年》。製表／謝錦芳

敬天地祭鬼神
求善報心誠則靈

執筆／張翠芬、呂姸庭、石文南、陳大任、江慧真

在台灣，人們深信「有拜有保庇」，農曆初一、十五、年節、廟會都要拜拜，除厄運、求偏財、求子、求婚姻、求考試順利……大大小小的事項，都是在祈求諸神「保佑」、「庇蔭」凡事順利，更希望透過信仰或儀式尋求心靈寄託，獲得身心平安。

有人形容台灣是三步一廟、五步一壇，各類民間信仰的神壇寺廟，密度堪稱全球最高。據內政部最新統計，全台共有廿七種登記有案的宗教，截至二〇一一年年底，已登記的寺廟總數一萬一九六八座，教堂共有三三四二座，平均每一萬人擁有六．六座寺廟或教堂。寺廟類以道教、佛教為主，教會（堂）類以基督教、天主教為主。

拜拜求「保庇」的習俗，常融合儒、道、釋（佛）三教的信仰思想，和日常生活與年節慶典密切結合。各種祭祀活動一年比一年盛大，投入的人力、物力也增多，成為台灣極具特色的民間信仰文化。

整理／張翠芬

台灣民間信仰歷史悠久，與社會生活合而為一，宗教祭祀文化豐富多元。在各種迎神賽會和祭典中，民眾虔誠酬神，表達對上天與神明的感恩，也希望獲得身心的寄託。

農曆七月是傳統的鬼月，七月十五日中元普度更是民俗盛事，本土民俗專家謝源張和來自荷蘭的漢學博士羅斌，分別從東西方不同觀點，解析中元民俗信仰的精神，原來，敬鬼神求「保庇」是不分中外的。另外，民俗學者林茂賢和電音三太子的創始團長張啟原則解析媽祖遶境和近年火紅的電音三太子，展望台灣民俗信仰所呈現的傳統與創新風貌，透視「保庇」這股民間力量，如何影響台灣社會。

中元祭：賽陣頭取代打破頭

農曆七月是傳統的「鬼月」，也是佛教有孝親意涵的「盂蘭盆會日」，各式迎接祭拜孤魂野鬼「好兄弟」的民俗活動，在每年七月十五日中元普度前後達到最高潮。

隨處可見的紅燈籠迎接中元祭到來。
（中時資料照片）

基隆市「雞籠中元祭」的諮詢委員謝源張。（呂家慶攝）

雞籠中元祭被文建會指定為全國第一個無形文化資產，是台灣最有看頭的民俗活動之一，迄二〇一二年為止，已傳承一百五十八年。雞籠中元祭起源於清咸豐年間，漳州、泉州兩派人馬發生械鬥，死傷慘重，地方人士將一〇八具骸骨安奉在「老大公廟」，成為中元祭開龕門、關龕門祭典的場所。

擔任基隆市「雞籠中元祭」諮詢委員的謝源張，是基隆市知名的中青代畫家，多次承辦基隆市中元普度祭典「看桌米雕」（編按：指以麵糰捏製成蔬菜、水果、海產、鳥獸、小西點等供觀賞用的捏麵作品，專供普度、法會、祭典的祭祀供品）。

「中元祭一個月，大約花掉一千六百至八百萬元。」謝源張說，這項活動全靠民間的力量才得以年年進行，十五個主普單位輪流負責，用「賽陣頭」取代「打破頭」，主普壇裝飾得極盡美侖美奐，而且愈辦愈盛大。

中元普度祭拜孤魂野鬼，包括吃的、用的，連儀式都樣樣講究。謝源張指出，除了準備葷、素、西洋等三連桌代表富貴長壽的「金松宴」，還有好看的「看桌米雕」，以紙糊成大型的金山、銀山、衣山、錢山供眾孤魂享用。普度場地須在戶外才不會「引鬼入室」，供桌最後一定要擺上「空心菜湯」，祭拜後灑棄，表示「無心留客，吃飽請走」之意。

為什麼要這麼大費周章敬鬼神？謝源張說，人們「敬神怕鬼」，因為神很慈悲，所以對神會要求、賄賂；對鬼則不敢去談條件，因為懼怕，所以在中元節準備豐盛的菜餚宴請好兄弟，希望孤魂野鬼不要來找麻煩，以獲得身心保庇。

不過，謝源張對政府干預民俗活動頗有怨言。他說，早年中元普度祭典是在農曆七月廿五至廿七日，「放水燈」配合月底退潮，方便水燈漂出海外；但一九五二年政府倡導節約拜拜，統一訂定七月十五日普度，放水燈被迫挪到十四日漲潮日，主普單位只好花錢雇人游泳把水燈推到外海。

二〇〇一年，雞籠中元祭獲文建會補助五百萬元，轉型成「中元嘉年華」，遊行時間規定在晚上七至九點，連花車陣頭都有數量限制。謝源張感

每年雞籠中元祭主普壇都妝點得炫目璀燦華麗。
（中時資料照片）

慨，原汁原味的活動變了調，民眾不再像過去在基隆留宿、看水燈、到廟口吃宵夜、參加隔日的中元普度，觀光盛況已不如既往。

悼亡靈：歡樂嘉年華，熱鬧共度

對鬼魂的關懷或懼怕，放諸四海皆同。本身是荷蘭人、來台定居逾廿年的漢學博士羅斌表示，擔心亡魂沒被照顧好，會影響人們生活，是全世界共有的文化，只是各國對亡靈有不同的處理儀式。

羅斌說，大家熟知的萬聖節，習俗來自愛爾蘭，天主教認為天堂與地獄之間，有一個模糊空間，生前未解的問題、仇恨，在這裡處理後即可以進入天堂，不過，停留其間的鬼魂會在萬聖節跑出來害人，戴上面具就是不讓鬼

荷蘭萊登大學漢學博士羅斌，現為林柳新紀念偶戲博物館館長。（呂家慶攝）

放水燈是雞籠中元祭最有看頭的活動之一。（中時資料照片）

認出來。演變至今，這個習俗已成了歡樂的慶典，大家奇裝異服上街狂歡，小孩子打扮成各種鬼怪，興高采烈地挨家挨戶去討糖果。

羅斌指出，墨西哥把悼念死者變成一種歡樂嘉年華，人們戴著骷髏頭，到墓園熱熱鬧鬧地陪亡者度過一晚，成為極具特色的活動。但是像雞籠中元祭這麼盛大地祭拜好兄弟，在世界各地則很罕見。

無價寶：台灣慶典，全球罕見

從小就喜歡東方文化的羅斌，對台灣的保庇文化充滿期許。他說：「第一次到台灣，才有來到中國的感覺。」台灣人民熱情，宗教信仰、人文儒家思想等各方面自由又豐富，不像大陸因文化大革命，受傷很重。

擔任台北市藝文顧問的羅斌舉例，台北市有一千座各式廟宇，這是華人世界找不到的「城市寶藏」，基隆的雞籠中元祭、台北保安宮保生大帝誕辰等特色慶典，都是台灣的寶，非常適合向世界行銷。

羅斌從事偶戲研究廿餘年，現為林柳新紀念偶戲博物館館長。林柳新偶戲博物館還配合鬼月舉辦「見鬼」特展，以鬼屋、皮影戲呈現地獄景象。羅斌說，台灣小朋友學西洋人在萬聖節扮鬼，其實「目蓮救母」有趣又有傳統特色，更適合小朋友學習。（編按：佛陀弟子目蓮以神通看到過世的母親墮落在餓鬼道，因而以珍果素齋置於盆中來供養十方僧眾，終能解救母親。）

謝源張說，中元普度「放焰口」的習俗，就是沿襲自「目蓮救母」，現在演變成解救地獄所有受苦鬼魂，讓中元普度展現由小愛延伸到大愛的慈悲情懷。

媽祖遶境：共同的媽媽，心靈的依靠

除了中元普度是台灣相當重要的民俗盛事，每年的媽祖出巡遶境，則是

普度「眾生」，動物慰靈祭

萬事萬物皆有情，中元不只祭拜好兄弟，動物也有慰靈祭！台北市立動物園創園近百年，每年農曆七月都舉辦中元普度「慰靈祭」，近年更搭棚架舉行統一祭拜，並請法師舉行超度法會，工作人員虔誠祭拜，把動物亡靈當成自己的朋友般來懷念。

台北市立動物園前任園長陳寶忠表示，包括飼養動物的農場、宰殺雞鴨的傳統市場、收容流浪動物的動物保護處等單位，凡有生命周期結束的地方，都有中元普度慰靈祭儀式。

日治時期的慰靈祭，工作人員曾訓練大象披一件像法衣的布跪拜，也訓練猴子穿法衣、手持經書，並在經書各頁中擺放花生米，讓猴子在一頁頁的經書中翻找花生米，看起來就像猴子會翻經書，模樣可愛。

陳寶忠表示，在圓山動物園的中、後期，中元普度慰亡靈不再找大象、猴子披法衣、跪拜，改為採用動物吃的飼料、水果、五穀、牧草及三牲肉品當供品，到土地公廟附近祭拜。

陳寶忠說，一九八六年台北動物園遷到木柵，二〇〇一年起全園集中祭拜，每年還編列預算，讓園方工作人員在照顧多年的動物朋友離開以後，可以抱持懷念的心情來祭拜，祈求諸靈保佑。

據了解，動物園所在地早期是公墓，有些值夜班員工曾說在某些地段會碰到一些「東西」，或是動物的走路聲。木柵動物園中元普度時偶爾會邀法師前來舉行「超度法會」誦經，有時邀地藏禪寺的法師，有時邀指南宮師父誦《心經》、《大悲咒》、《往生咒》，以祈求心靈平安。

陳寶忠表示，動物園舉辦中元普度慰靈祭，是佛、道教徒能接受的習俗，但園內約有四分之一的員工篤信天主教或基督教，並不參加祭拜，園方也不會勉強。

執筆／石文南

國內最盛大的宗教民俗慶典活動；一夕爆紅的電音三太子，近年更成了台灣文創新象徵。隨著電影、流行音樂的帶動，陣頭、媽祖平安袋、三太子公仔，在傳統的宗教意涵中，又多了一些創意流行，使台灣民俗信仰展現不同的新風貌。

民俗文化專家、台中教育大學台灣語文學系教授林茂賢，每年都帶學生參加媽祖遶境活動，近年還有大陸學生專程來體驗。他說，參加過的學生都非常感動，因為沿路受陌生人照顧，提供吃喝沐浴住宿，大家無私地為別人付出，在這裡，看到人性最光輝的一面。

到底是什麼力量，讓人們心甘情願跟著媽祖遶境九天？林茂賢說，按照文獻，媽祖廿八歲得道，大陸供奉的媽祖相貌年輕，在台灣卻「變胖又變老」，成了福態慈祥的中年婦人，因為媽祖是台灣人「共同的媽媽」。

民俗文化專家、台中教育大學台灣語文學系教授林茂賢。（劉宗龍攝）

大甲媽遶境每年都吸引數以萬計的人潮，信眾在沿途簇擁著神轎慢步前行，並爭先恐後觸摸媽祖神像保平安。（中時資料照片）

林茂賢說，阿公阿嬤不可能去找張老師、生命線，心底所有的委屈都要說給媽祖聽，看到歐巴桑對著媽祖念念有詞，就知道「媽祖一定要存在，否則人們心靈沒有依靠」。其實，不只媽祖，道教的王母娘娘、佛教的觀世音菩薩、天主教的聖母瑪利亞，不分中外，所有宗教都有一個母親的神，代表人們對母親的依戀。

因應媽祖的熱潮，公仔、背包、T恤、帽子等周邊商品琳琅滿目，甚至有人賣起媽祖加持的礦泉水、沙拉油。林茂賢大聲疾呼：「不要過度利用媽祖！」他強調，信仰是在撫慰人心、勸世教化，媽祖如果變得庸俗、功利，神聖性降低，就會失去人們信賴。

電音三太子：傳統翻新，創意發光

一夕爆紅的電音三太子，也面臨傳統與創新的挑戰。自豪是電音三太子始祖的朴子三太子會，二〇〇〇年轉型跳電音，二〇〇五年因參與鹽水蜂炮陣頭遶境，影片被外國人PO上網而爆紅。把崇敬、嚴肅的宗教文化，轉化

民俗活跳跳，少年ㄟ也瘋狂

這一、二十年來，因本土意識抬頭，提高了大家對傳統民俗的興趣與了解，慢慢形成一種年輕人的認同和流行文化，並帶動文創產業的商機。

素有「學界媽祖婆」之譽的慈濟大學宗教所教授、中研院民族學研究所兼任研究員林美容觀察，民俗信仰的元素近年愈來愈夯，年輕的研究生往往強調自己是「媽祖迷」，因為成為「媽祖迷」是一件很跟得上流行的事。

傳統民俗信仰上的神明、神將或神鬼角色，因造型活潑、有其文化特色，吸引年輕人喜歡、自動自發去研究或參與，有許多年輕人參與誦經團、神明會、法仔陣等，這類現象愈來愈普遍。她正進行一個國科會研究計畫「民間宗教的創新性發展」，對全台民間信仰新現象進行田野調查。

她指出，台灣的傳統信仰和漢人移民史有高度關係，不少「祖佛仔」、「開基神明」多是先民渡海時攜帶而來。為求心理平安，先民攜帶神明香火袋或小尊神像，船上奉祀「船仔媽」媽祖，平安抵台後繼續奉祀保平安，流傳至今成為民間信仰與社會習俗。

「媽祖遶境」這兩年已經跳脫宗教層次，成為旅遊觀光熱門路線。林美容分析，媽祖雖為海神，但整體來看，台灣西南沿海的漁村仍以王爺廟居多：北、中部是媽祖多過王爺，南部則是王爺勝於媽祖；以中部沿海而言，媽祖廟的影響力確實較大，如大甲鎮瀾宮、梧棲浩天宮、大肚頂街萬興宮，傳統都有五十三庄的區域性信仰組織。

近年出版業「命理堪輿」書大行其道，林美容笑稱，現在拜拜信仰都有許多「know-how」，成為一種手冊工具書，教人家怎樣拜拜、怎樣求神才有效，這部分可說自由心證，心誠則靈。

林美容分析，網路發達，許多廟會的組織團體，例如誦經團、神明會、陣頭等，年輕人利用網路串聯，活動力反而更無遠弗屆。近年全球「New Age」思潮影響下，人們對宇宙生命與能量好奇，加上天災地變頻傳，大家開始感受到人力的不可為，進而對環境發展有更多省思，對於超自然神祕力量愈來愈敬畏，這也是近年宗教活動活躍的原因之一。

執筆／江慧真

成國際皆知的台灣特色，朴子電音三太子團團長張啟原說：「得來不易，守成更難。」

「傳統需要扎根，絕非幾天速成就能魚目混珠。」張啟原說，成員參與一場廟會，要扛一、二十公斤重的童仔走一整天，還要跑、跳、蹦，談何容易？除了電音、搖滾、耍花招，還要訓練傳統走步，「總不能因為電音流行，就荒廢傳統吧！」

張啟原認為，與其說電音三太子等民俗藝陣是台客文化，倒不如說它代表本土精神，「一跳，神也變平民了！」商業演出、開業、房屋落成等場合，都會請三太子去跳電音，場面熱鬧又有保庇的象徵，如此豐沛的生命力，「這就是台灣的文化，台灣人的精神。」

這幾年，電音三太子的團體如雨後春筍般出現，張啟原直言，大家同質

朴子電音三太子團團長張啟原。（呂妍庭攝）

性太高，觀眾胃口愈養愈大，久了，新鮮感就沒了。

「電音三太子也要專業化！」張啟原的三太子團不只聘專業師資編舞、教舞，連音樂也自編自創，更堅持要跟上時代潮流，戰鬥舞、溜滑板、踢足球都成過去式，現在最新舞步是仿效閱兵旗隊耍槍、踢正步，「要引領風潮，就得求新求變。」

民俗信仰：維持社會安定，與時俱進

儘管朴子電音三太子團名聲響亮，張啟原仍以參與傳統陣頭遶境為

年輕人對傳統民俗的認同逐漸提高，圖為大學生扮成八家將參與旱溪媽祖遶境活動。（中時資料照片）

主，除了生產公仔以外，沒有太多商業行為，以宗教宣揚為主軸，「畢竟才這是三太子團的正道，不能偏離。」

林茂賢則認為，電音三太子、陣頭，隨時代改變而融入熱門音樂新元素，是很「台」的特色。不過，媽祖是信仰，電音三太子是表演藝術，兩者大不同；三太子是活潑好動的小孩，適合加電音加熱舞，但媽祖、關聖帝君形象則不宜。他強調：創新還是要以「傳統」為基礎，否則就是「亂搞」！

林茂賢也對近幾年信仰庸俗

朴子電音三太子團求新求變，最新舞步是仿效閱兵旗隊耍槍、踢正步的操槍舞。（呂妍庭攝）

化、功利化的現象感到憂心。廟會電子琴花車、鋼管秀，取代了傳統的陣頭、北管藝術，某些廟宇被黑道政客把持，變成個人據點組織，過度的商業行為，讓神明的神聖性向下沉淪。

「政府不可靠、經濟不安定，當民眾求助無門時，只有求神了！」林茂賢表示，信仰是維持台灣社會安定最重要的力量，但民俗信仰也要與時俱進，例如，王爺代表瘟神，是提醒人們做好衛生和生態保護，否則會造成瘟疫流行；土地公就是人世間的里長伯，強調社區人際互動、敦親睦鄰。傳統民俗信仰在流行創新之餘，也須賦予時代新意與任務。

舉頭三尺有神明：心存善念，好人有好報

俗諺說「有拜有保庇」、「人在做天在看，舉頭三尺有神明」，人們深信「善有善報，惡有惡報」的因果報應，民俗信仰成了台灣社會最重要的安定力量，而近年隨著科技發展，宗教信仰也出現微妙的轉變和創意。

台灣的民間信仰超過百年歷史，在傳承的過程中，大家看見民間保留傳

恆春豎孤棚搶孤活動已成為全國矚目焦點，每年吸引大批遊客湧進恆春鎮。（中時資料照片）

宜蘭頭城搶孤的爬孤柱、搶孤棚，一直是農曆七月大家費心搶破頭的活動。（中時資料照片）

統的努力。年復一年的雞籠中元祭，若不是民間出錢出力，如何能延續迄今一百五十八年？中元普度則是心存感恩，與敬天地畏鬼神的慈悲胸懷；極具挑戰的中元「搶孤」，過程驚心動魄，更有人、鬼、神相互敬畏的意涵。

宗教信仰隨時代與社會變遷，發展出各種奇妙創意，吸引新世代的目光參與。媽祖、觀音、哪吒三太子等化身為公仔吊飾、發行信用卡或Q版商品，信徒也能在網路上擲筊求籤祭拜。現代民俗活動紛紛轉型，以鑼鼓陣、八家將為主的陣頭，變得親民、大眾化，打破「壞囝仔才來跳陣頭」的刻板印象，甚至成了台灣的新象徵。

不過，當電子花車、鋼管辣妹融入廟會，媽祖賣起礦泉水、沙拉油……，民眾和神明「談條件」，沒發揮「神蹟」的神明甚至遭受砍頭、肢解、焚燒、丟棄的命運，信仰一旦變得世俗功利，就完全喪失宗教信仰的真義。

怎樣拜拜、怎樣求神才有效？其實就是「心誠則靈」。民俗學者林茂賢一語道破：神明不會那麼功利，看誰捐多一點錢，保庇就多一點。只要做好人存好心，都會「好人有好報」受到保庇。求神拜佛主要是在「求心安」和增加自信。

近年來政爭內耗，油電價格上漲，失業率攀升，人們生活愈是不安痛苦之際，愈是需要尋求宗教信仰的慰藉，「保庇」正是這一股鼓勵人心「向善」的社會動力。

執筆／張翠芬、呂妍庭

可愛的神明公仔，是可愛、是平安、也是經濟。（中時資料照片）

數位時代，掃墓點燈ｅ指通

網路、數位時代，傳統民俗活動也跟上潮流，網路掃墓、祭祀、祈福、求籤、點燈都在彈指之間。隨著智慧型手機普及，ＡＰＰ應用更能因地制宜，民俗鬼月，還有偵測鬼魂ＡＰＰ，助人趨吉避凶。這個年代，保庇也可以很有科技感，無所不在。

清明掃墓是重要的習俗，為了方便無法回鄉祭祖的外地遊子，十年前，網路掃墓、祭祖一度成為熱門的服務。台北市政府殯葬處曾推出「生命追思紀念網」，民間業者也有「虛擬墓園」，服務對象還包括寵物。

為求擬真，上網掃墓、祭祀服務除提供中西不同宗教場景、動畫、音效之外，還有定時自動誦經、點香、燒金等功能，讓忙碌的現代人隨時隨地表達追思的心意。

不過，網路服務也有流行轉換，各大廟宇服務數位化之後，近年最夯的是網路點燈、求籤、安太歲。

網路求籤花樣愈來愈多，網頁的精緻度也增加，求籤過程更有真實感。在網路上安太歲究竟效果如何，仁智互見，但是網路安太歲價格不高，甚至免費，相當方便。台南仁壽宮要求網友定時上網，否則光明燈會熄滅；鹿港天后宮則接受安光明燈、文昌燈、斗燈。

近年超商也開始提供這項數位服務，例如統一超商ibon便利生活站與鹿港天后宮合作，可直接點光明燈、安太歲、拜斗燈、文昌燈；全家便利商店Fami Port與花蓮勝安宮、金山財神廟、西螺福興宮、鹽水武廟、麥寮拱範宮等五大宗廟合作，提供點燈祈福服務。

媽祖遶境是國內宗教界年度盛事，優仕網曾與西螺福興宮太平媽祖合作，在媽祖主轎上方安裝攝影機，網友可以即時觀看遶境情景；近年則與廟宇合作，提供點燈及抽籤服務，有時一個月有上萬人次求籤，收入轉做公益，一年可募得數百萬元。

網路為傳統民俗帶來許多創新服務與商機，燒金、點香虛擬化更具有環保意義，民眾還可省去舟車勞頓。不過就像很多網路服務一樣，當熱潮退了，行動裝置將是下一波主流，結合衛星定位、即時搜尋與人際串接，平台上的應用將更全面廣泛，令人期待。

執筆／陳大任

台灣重大民俗節慶

日期（農曆）	活動
正月初一	春節元旦，祭拜天地眾神。
正月初五	財神玄壇真君下凡日，商家多在此日迎財神、開始營業。
正月初六	三峽祖師廟清水祖師誕辰祭典，俗稱「三峽大拜拜」。
正月初九	玉皇大帝萬壽日，俗稱天公生，民間於凌晨起祭天。
正月十五	上元祭三官大帝。台東天后宮、玄武堂串聯境內廟宇展開元宵遶境、炮轟寒單爺。
二月初二	土地公誕辰，做頭牙。
二月十九	觀音菩薩誕辰。
三月初三	玄天上帝聖誕。
三月十五	大龍峒保安宮保生大帝誕辰祭典。
三月二三	媽祖誕辰，各地有慶祝活動，如大甲媽祖遶境進香。
四月初八	釋迦牟尼佛生日，俗稱「浴佛節」。
四月十二	金門迎城隍；蘇府大王爺聖誕，俗稱「鹿港大拜拜」。
四月二六	先嗇宮神農大帝誕辰，俗稱「三重大拜拜」。
五月初一	新莊大眾廟大眾爺誕辰，俗稱「新莊大拜拜」。

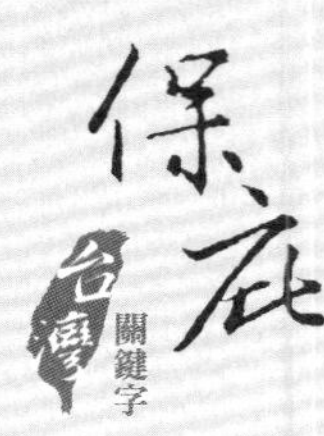

五月初二	保生大帝飛天升道日。
五月初五	端午節，祭祖、祭房舍守護靈地基主。
五月初六	淡水祖師廟清水祖師得道祭典，俗稱「淡水大拜拜」。
五月初十	東港東隆宮迎王祭典，即「東港王船節」。
五月十三	大稻埕霞海城隍廟「霞海城隍祭典」。
六月十九	觀音菩薩得道日。
六月二四	關聖帝君聖誕，俗稱「大溪大拜拜」。
七月初一	開鬼門，孤魂野鬼來到陽間。
七月初七	七夕，七娘媽生，台南有習俗做十六歲，表示家中子女已成年。
七月十五	佛教盂蘭盆會，地官生日，中元普度祭典。
七月三十	關鬼門，孤魂回歸冥府。
八月十五	中秋祭月神和地基主；朱府王爺聖誕。
八月二七	鄭成功開台紀念日，民間稱「國姓爺」、「延平郡王」。
九月初九	重陽節；中壇太子元帥聖誕。
九月十九	觀音菩薩出家日。
九月二八	孔子誕辰，中樞文武百官祭祀。
十月十五	三界公生，下元節為水官大誕。
十月二二、二三	艋舺青山王誕辰祭典，俗稱「艋舺大拜拜」。

十二月初八	釋迦牟尼佛得道日。
十二月十六	土地公尾牙祭典日，商家於此日附近大宴員工。
十二月二四	送神日，祭送家中神明、灶神、太歲等神歸天述職。
十二月三十	除夕日祭拜天地眾神，祭祖和地基主。

整理／張翠芬

台灣民間信仰發展歷程

開墾時期	明朝末至清代，移民初到台灣，隨身帶家鄉鼎盛寺廟的佛像或香火作護身符，以媽祖、開漳聖王、保生大帝、關聖帝君、觀音、玄天上帝等為主。
定居時期	乾隆到嘉慶年間，移民定居後，信仰多元化，各種行業神陸續受奉，如讀書人崇拜文昌；隨閩西、福州、潮州百姓遷台，民間神祇也傳入台灣，如客家人三山國王信仰。
日據時期	西元一八九四至一九四五年，日本治台五十一年。因鄭成功有日本血統，為拉攏百姓，推祭祀「開山聖王」鄭成功信仰。一九三七年中日戰爭爆發，日方倡導皇民化運動，改參拜神社。
光復迄今	傳統民間信仰活動蓬勃發展，依學者統計，民間信仰的神明有數百個之多，主要是地方神，如開漳聖王、三山國王、王爺信仰等。較普遍的仍以媽祖、觀音、關聖帝君最受尊崇。

整理／張翠芬

酷炫有力真帶勁
兩岸互相加值共創華流

執筆／張翠芬、林思吟、林欣誼、黃奕瀠、朱建陵、江家華

給力，是中國大陸的流行語，透過網路媒介，也逐漸成為台灣人熟知的語彙。這個詞語源於兩處，一是日本動畫的中文配音版，二是沿用閩南語、海南話中既有的詞彙，在這兩種方言中，「給力」原就有帶勁和給予力量的意思。在中國流行之前，星馬一帶的華人早已普遍使用。

「給力」真正變成流行語，是在二〇一〇年世界盃足球賽舉辦期間，網友紛紛以「給力」作為感嘆詞，詞義也被延伸為「很牛」、「很棒」、「酷」等意思，例如，老闆為員工加薪時，大讚「這老闆真給力啊！」

相對於給力，「不給力」也是一個常用的詞彙，用來表示失望、沒勁、沒意思，例如，「輸給韓國隊，真不給力啊！」由於在網路使用太盛行，還被編入了《新華辭典》，甚至入了《人民日報》頭版頭題的標，成為該年的十大中文新詞之一。

整理／黃奕瀠

兩岸互動頻繁，在商務、觀光、藝術、電影、文創等各方面的交流，正如火如荼進行著，來台觀光人數不斷創新高，開放陸生來台就學等政策，都是各界關心的話題，兩岸應從中學習彼此的精華，並進一步攜手開創新的境界。

本文以兩岸目前最流行的用語「給力」為主題，由台北藝術大學校長朱宗慶和北京大學藝術學院副院長向勇採跨海視訊對談方式，深入分析藝術文創產業現況，期待以台灣的創新結合大陸文化資產，互補所長、互相加值；並邀請成功營造出華人文創品牌的誠品總經理李介修和法藍瓷總裁陳立恆分享他們的創新理念。此外，也以新視角來看看兩岸民間交流的影響。

見識人文台灣，大陸補修文化課

近廿年來，兩岸在經濟、文化、民生等各領域交流日益頻繁，密切的接觸、對話、合作，也為彼此帶來許多刺激與成長。這一天，在國立台北藝術大學校長室，北藝大校長朱宗慶和北京大學藝術學院副院長向勇，於台北攝氏廿度、北京零下十度巨大的溫差下，熱呼呼地展開空前的跨海視訊對談。

當韓流席捲全球之際，兩岸如何相互「給力」，打造世界文創產業的「藍海」，向勇期待兩岸攜手醞釀出新的中華文化，朱宗慶則發下豪語：「我們一起來創造『華流』吧！」

「經過文革，我們現在才來補文化的課。」年紀相當於六年級生的向勇，來台不下廿次，他直言，過去在大陸，文化是政治用來統治教化的工具或遮羞布，人們不知道文化和生活有什麼關係；來到台灣他才發現，文化在每一個人臉上、行為上，在每個街區巷弄間，台灣呈現出來的文化養分、空氣，讓人身心覺得很自在，它具有強大的吸引力和內在人心的撫慰力。

向勇以「中國是文化，香港是文明，台灣是人文」形容中港台三地的差異。就像《紅樓夢》中劉佬佬進大觀園，劉佬佬曾經想像富人們的生活是手

台北藝術大學校長朱宗慶。（張鎧乙攝）

北京大學藝術學院副院長向勇。（向勇提供）

上拿著金元寶，騎著高大駿馬「炫富」，進園後才發現並非如此，真正大富人家既講究陳設又有涵養。他認為，台灣城市格局融入舊建築，處處可感受到人文歷史因子與文化綿延，文化已經成為一種生活方式，所以有個說法：「有一種人文，叫台灣！」

創新結合市場，激盪更多正能量

朱宗慶認為：「台灣文化，本身就是一種創新。」例如，國光劇團用跨國界元素包裝京劇，雲門舞集用現代舞蹈揣摩書法意境，優人神鼓用擊鼓和武術來呈現佛教、禪定、冥想境界，朱宗慶打擊樂團結合中西打擊樂、京劇、踢踏舞闡釋中國傳奇女子花木蘭……多元文化與創新活力，正是台灣文

雲門舞集藝術以虛擬風景舞台，投射飛雲、墨影、流光，呈現書法意境，就是一種文化的創新。（鄭履中攝）

化最大的競爭力。

不過，台灣市場規模小，難以內需市場形成完整產業；相對的，大陸採「一條鞭」模式，又擁有龐大內需，促成華人文化經濟圈崛起。帶領打擊樂團赴大陸演出十五次的朱宗慶強調：「世界愈全球化，在地傳統就愈顯得獨特而珍貴。」他每次到大陸幾乎都是為了採集傳統音樂元素，大陸近年的改變可以和台灣形成良性競爭，兩岸互補所長、互相加值，薈萃出中華文化璀璨力量。

近年來，台灣文化、學術、影視人才一窩蜂往大陸發展，朱宗慶強調，台灣對留住人才的努力，不能再自我感覺良好，一切慢慢來，若能立足台灣，積極培養人才在世界各地發光發熱，交流激盪觸發更多創意，就是兩岸給力的正面影響。

大陸未來十年，要落實文化突圍

向勇坦言，大陸經濟起飛，文化產業從無到有，以前大家連觀念都沒

陸生看兩岸：酸鹼激烈碰撞，終會慢慢平息

目前就讀淡江大學的陸生蔡博藝，觀察敏銳而有觀點。（陳振堂攝）

「你去的是是非之地，學的又是敵國語言，回來後怎麼辦？」淡江大學日文系二年級的蔡博藝來台灣念書前，父親不由得擔心，但她仍決意來台，成為第一批登台的陸生。她如此堅決的原因，除了極想獨立生活，也是因為感受到台灣的召喚。

蔡博藝在中學時期，同家人來台灣旅行，深受震撼，於是在網路上寫下〈我在台灣，我正青春〉系列遊記，紅遍兩岸，部落格造訪人數達十萬餘人次。二〇一二年，她將台灣體驗書寫成冊後，不僅熱銷，還受到《亞洲週刊》肯定。

蔡博藝文筆流暢，觀察敏銳而有觀點，這雖是她自身閱讀和寫作習慣所致，但她也坦言，中學時期深受台灣流行文化感動，熱愛五月天，也欣賞方文山，甚至因為太喜歡他們的歌詞，而到圖書館研究古文，練習寫古典詩。

不過，蔡博藝並不一味吹捧台灣生活經驗。她笑說，來台讀書生活是「天使歸於地面」的歷程，儘管她適應良好，「但仍然也有人臉著地」，有些陸生對台灣幻滅，也有人「太自由了，活不下去」。

她在書中直言：「我不能代表誰，我只能代表我自己。」面對有些陸生扛著莫名的使命在身上，她也淡淡地說：「背後靠著祖國，但祖國認可你嗎？」言語冷靜而犀利，難以想像出自一位二十歲的小女生之口。

蔡博藝認為，今日兩岸之間已經不是過往那個站在氣球內看對方的時代，而是直接碰撞接觸，「就像酸鹼性的液體攪在一起，產生了激烈酸鹼反應，但化學反應終究會慢慢平息，只是我們現在處在劇烈變化的狀態而已。」她以這個妙喻描述現在兩岸交流的狀況。

「台灣太小，而大陸太大，台灣很多問題都繞不開大陸。」在台灣積極參與社運活動的蔡博藝表示，中國剛好相反，接收的資訊少，又有很強的選擇性，因而，對台灣的了解也就稀薄不清，不如台灣面對中國般有壓力。她認為，關鍵在媒體給了兩岸民眾什麼樣的新聞和視野，「我在台灣看新聞都覺得台灣快沉沒了。」她感嘆台灣社會不珍惜新聞自由，甚至濫用新聞自由，失去理想性，「有了言論自由，但都拿來做什麼呢？」

執筆／黃奕瀠

有，現在人人皆知，連搞地產、餐飲的也說自己是搞文化產業，政府重視文化產業園區、歌劇院等公共建設。然而，真正的文化氛圍，是看一個地區的「創意」，大陸仍有一些有形無形的限制、監控。他建議大陸官員心胸開闊點，讓台灣文化產品不要再受任何內容審查，把政治議題先擱置一旁，兩岸攜手讓中國文化走出去。

面對韓流、日流、美國風、歐風，那麼中華風、漢風在哪裡？向勇說，華文占全球文化市場不到五％，台灣不應僅僅把大陸當成文創消費市場，兩岸要共創藍海，結合大陸靜態的文化資源，和台灣生活中的創意，「把台灣文化魅力、文創『正能量』輸送到大陸，一起創造屬於中華文化的創新DNA！」因此，他非常鼓勵大陸企業多聘用台灣人才，相互激發創意火花。

向勇表示，台灣根本不必擔心人才被連根拔起，若能把自己變成藝術品，以好的文創思維，將人與產業需求結合，就能發揮效益。反倒是大陸有很多人仍然覺得文化是附庸風雅、吃飽穿暖之餘才做的事，他總不客氣地講：「若把文化去掉，人和禽獸沒有什麼區別。」大陸需要發起文化「新新生活運動」，把美學和文化落實到生活中的每一刻每一秒，這是大陸未來十年的努力方向，要做的是「文化突圍」。

許多人對台灣漸漸依附大陸感到憂心，朱宗慶卻認為，台灣人要珍惜自己不可取代的資產，人的友善、好客、志工服務的隱性美德，和生活合而為一，形成獨特又迷人的「文化能量」。法國前文化部長賈克朗造訪台灣時，讚揚這種文化魅力是他走遍世界所僅見，「連台灣人自己都低估了」。

台灣什麼最給力？兩位重量級藝文界人士不約而同做了相同的註解：「就是台灣的人心人性，共生共好的人情味！」

文創西進，要靠原創

為了拼文創，大陸城市不停開拓文創園區，甚至不惜成本吸納人才，從影視到藝術產業，台灣人才紛紛西進，引起台灣社會憂慮，直嘆「流血輸出」。不過，台灣文創產業聯盟榮譽會長李永萍日前在「二〇一二年兩岸文化創意產業合作論壇」表示：「如果中國人發展文創，卻不正視原創，很可能在文化創意領域又會淪於代工模式。」

「掌握品牌，才是我們最大的機會。」李永萍數次提過，台灣文創應關注的是核心部分，讓R&D（研發設計）留在台灣才是目標。她以蘋果電腦和富士康為例說明，品牌才是關鍵，因此要扶植的是文化尖端技術，因為這樣才能掌握核心。

台灣在文化和科技方面也曾經走過模仿和代工的道路，如今，不論從庶民生活的珍珠奶茶到藝術殿堂的雲門舞集，或是從年輕流行的周杰倫到極具品味的誠品書店和法藍瓷，都是台灣原創品牌，也引起大陸研究和效法。

以法藍瓷為例，成立廿二年的瓷器品牌法藍瓷，全球據點逾六千個，在巴黎家飾展、歐美頂級百貨等重要秀展、商場，都可見其蹤跡。法藍瓷的品牌進軍大陸八年，擁有一百卅五間直營店，分布地區從北京、上海等一線城市到內蒙古呼和浩特等地，連前中國國家主席江澤民都曾看上其作品，當作俄國總理普丁的贈禮。

而誠品更是陸客朝聖的地點。一九八九年成立的誠品書店，目前在全台擁有四十一家分店，二〇一二年首家海外分店落腳香港銅鑼灣，預計二〇一四年蘇州店開幕，接下來還有持續布局在北京、上海的展店計畫。雖然登

台灣誠品書店的文化氛圍令大陸民眾及輿論界羨慕，不過礙於一線城市租金高昂，誠品登陸第一站最後選擇在蘇州。（中時資料照片）

陸時間晚，但搭上文創市場突飛猛進的浪潮，發展深獲矚目。

成功並非偶然，這些台灣品牌都花了很多心力切入中國大陸市場。法藍瓷公關鄭巧玟便表示，當初法藍瓷為了在幅員廣大的大陸快速打開知名度，靠的不是買廣告，而是結合藝文、到各城市舉辦展覽，並與北京故宮合作開發「福海騰達」限量餐具，以口耳相傳的力量打響名氣。法藍瓷之所以成功地打開大陸市場，優勢除了在於運用華人喜愛的陶瓷，也融入費城美術館畫作、巴洛克華麗風格等元素，創

大陸新華書局與法藍瓷合資的法藍咖啡，將帶領書局從「書堆滿倉」經營模式轉型複合型書店。（中時資料照片）

新而富現代感的設計，在以景德鎮傳統樣式為主的大陸，自然引起注意。

預計二〇一四年在蘇州工業園區開幕的誠品書店，登陸這條路也琢磨很久。「台灣企業前往大陸市場，最需要的是謙虛。」誠品書店總經理李介修表示，作為台灣在地品牌，他認為以文化的「感染與傳播」比「輸出」一詞適切，因為這是台灣軟實力的展現。

書店重定義，連鎖不複製

中國大陸城市書店各有特色，也有發展的潛力，然而李介修認為，誠品

台灣瓷器公司法藍瓷在北京開設其全球首家旗艦店。（中時資料照片）

誠品總經理李介修。（劉宗龍攝）

所做的是「定義新世代書店」，亦即將傳統只賣書和文具的書店，擴展到廣義的文化場所，結合人文、創意、藝術、生活，落實在經營上。包括結合賣場的跨業種銷售空間、多元活動的舉辦，傳遞的是讓人感動的精神，提供一種「漫無目的」的遊逛體驗，而這也是誠品面對大陸書店最大的優勢。

儘管大陸幅員大，不過對誠品書店來說，因為他們善於結合展演、商場、書店，本身就需要大空間，要找到適合的場地並不難。李介修表示，誠品秉持「連鎖不複製」的精神，每一間店都會結合在地文化特色來規畫，因此在進軍大陸時，除了須面對不同發行體系、與當地業者建立供應鏈體系與儲運管理，最大挑戰則是自我創新，「我們最大的敵人不是別的書店，而是我們自己。」

文化要活水，寄託年輕人

以二〇一二年開幕的誠品書店香港銅鑼灣分店而言，目前店內書籍類與非書籍類比例為八五%：一五%，外文書四成、中文書六成。香港店整體的定位，以帶動當地文學、建築、音樂、戲劇等產業為目標，結合文化與生活。

「經濟力量使國家變得強大，而文化力量

進駐上海灘的大陸首家二十四小時營業的大眾書局，除了通宵經營，還有「選書師」和「文化講座」等客製化活動，經營模式有如誠品，讓不夜城更添文化氣息。（楊甜兒攝）

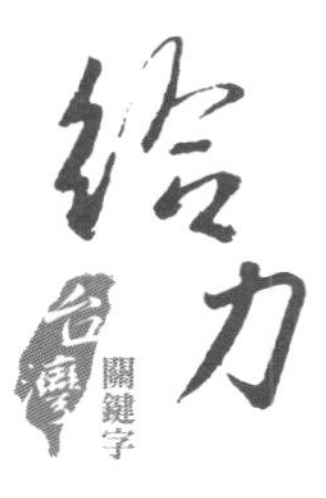

則可讓國家偉大。」二〇一三年一月，在「兩岸城市文化創意產業競爭調查報告」發布會上，亞太文創產業協會理事長暨法藍瓷總裁陳立恆說了這段話。

法藍瓷總裁陳立恆。（呂家慶攝）

儘管在城市評比上，台北輸給北京、上海，不過，在文化實力上則是一場龜兔賽跑，如同李永萍說的，文化不能停在「死水」般保存，而是要注入現代生活內容，台灣屬移民社會，文化接軌阻礙小，文化包袱也相對輕，「未來原創最大的希望還是寄託在年輕一代人身上。」

交流更廣泛，參與促改變

兩岸民間交流的影響，遠比我們所能想像的還深刻廣泛。台灣九二一地

網路社群興起，兩岸熟若比鄰

兩岸交流歷經多次變化。第一個變化是台灣從戒嚴時期走向開放探親、旅遊；第二個變化是直航讓兩岸的地理距離大幅縮短；第三個變化是開放陸客、陸生來台，讓兩岸交流變雙向。另一個還沒有受到足夠重視的變化，是社群網站給兩岸交流帶來的深遠影響。

在第一個階段裡，大陸民眾對台灣的印象，是老兵、遊客；從第一階段過渡到第二階段，主角換成了台商，這時大陸民間對台灣人的印象，除了「有錢」，就是「好色」。然後，大陸一部分人富起來了，纏腰的金銀沉重過台商，台商的「包二奶」換成了陸商的「養小三」，台灣人在大陸的形象變得有些模糊。

進入第三階段的開放陸客、陸生來台，大陸民間對台灣人的印象才開始立體起來，於是有大陸人氣作家韓寒寫的一篇文章〈太平洋的風〉，對台灣與台灣人讚譽有加；於是有二〇一二年七月間，廣東一本專攻年輕白領市場的《新周刊》，以〈台灣最美麗的風景，是人〉為主題，用整本雜誌二百頁、十五萬字的規模，讚遍台灣。

然後，社群網站興起之後，台灣民眾慣用的臉書，有翻牆而來的陸人身影，五億大陸民眾熱議的微博（包含新浪、網易、騰訊、搜狐等），除了台灣影劇明星高占粉絲排行前位之外，台灣作家（如楊照、張大春）、政治人物（如邱毅、蔡其昌）的身影也不少見。

如果不是微博，陸人的形象在台灣，其實非常單薄，前國台辦發言人張銘清透過台灣電視影像的演繹，深入人心，但這不能代表大陸民眾。

透過微博，台灣人才知道，大陸民間存在著一種「民國控」，他們稱頌民國時期的自由開放，對台灣佩服得五體投地，認為蔣介石當年最大的過錯，即「勦匪不力」。但另一方面，大陸也存在著另一種對立態度者，他們不只反對台獨，甚至反對台灣的一切，嘲笑台灣的經濟發展，看輕台灣的「所謂民主」。在這兩個極端中間，則多數都是像你、我一樣的為五斗米折腰者。

社群網站不只是一個論政、議政的地方，也是一個社會生活的地方，多數活躍或潛水（隱姓埋名）於大陸微博的台灣人都能發現，大陸民族文化底蘊深厚、台灣民眾生活文明進度較早，透過社群網站的交流、交往，兩岸彼此的認識，不只立體，還能像舊時串門子鄰居那樣地鮮活起來。

執筆／朱建陵

震滿十周年之際，台灣環境資訊協會邀請了關注環境議題的大陸記者到重建區參訪、和當地社區營造團體交流。計畫雖然已經結束，但深受感動的《南風窗》記者陳統奎，則在故鄉延續了這段歷程：他將埔里桃米社區的經驗，帶回海南省海口博學村，動員鄉親一起發展「博學生態村」。

「這個參訪經驗給我最大的感受是，農村的面貌是可以依靠村民自己的能力去改變，實現由下至上、由內至外的變革。」陳統奎籌組了社區發展協會，想

九二一大地震十周年，大陸媒體記者探訪埔里紙教堂，受到新故鄉文教基金會董事長廖嘉展啟發甚多。（台灣環境資訊協會提供）

辦法吸引年輕人回鄉參與。他一邊做著記者工作、一邊從事社造，到了二〇一二年八月，索性連鄉親稱羨的媒體工作都辭了，專職於社造和社會企業。

而這恰巧就是新故鄉文教基金會董事長廖嘉展走過的路，陳統奎坦言正是受到他的啟發，連博學村的「蜜蜂文化」都是跟隨桃米社區的「青蛙象徵」而來。他甚至還帶頭反抗大型建設入侵，近來又發展小農市集，所有動作似乎都和現在的台灣公民社會一起脈動著。

深刻反思再行動，台灣經驗再進化

這些年兩岸民間交流愈發頻繁，許多台灣人可從大陸人的視角重新感受台灣，例如「大陸人看台灣」之類的文章，便時而讓台灣讀者感到新鮮——知名青年作家韓寒的〈太平洋的風〉和陸生蔡博藝的〈我在台灣，我正青春〉都是例子，甚至大陸媒體製作的〈台灣最美的風景，是人〉等封面題目，似乎都讓紛擾又低迷的台灣社會感動了：「原來我們這麼好！」

然而，過多美譽只不過是旅行者「橫看成嶺側成峰」的距離所致，並非

「廬山真面目」。曾讚嘆台灣美好的蔡博藝，來台灣念書後，便產生了這樣轉變的過程：她開始發現台灣的優缺點，也能思考要帶什麼樣的收穫回去家鄉，要成為什麼樣的人。

在兩岸許多對各自粉紅泡泡般的想像中，若能有更多像陳統奎和蔡博藝這樣的大陸年輕人，能在淺薄體驗後，進行深刻反思，最後能轉化成個人行動，才是彼此都樂見的兩岸交流，也才足以讓台灣人擁有真正的驕傲：因為那是我們共有的「台灣經驗」。

執筆／張翠芬、林思吟、林欣誼、黃奕瀠

台灣漫畫家逐鹿中原，老少爭鳴

台灣年輕漫畫家近年搶灘大陸市場，陸續傳回捷報，除了廿九歲的漫畫家彭傑以作品《方舟奇航》奪得中國金龍獎的「最佳少年漫畫獎」，卅歲的漫畫家顆粒也曾以作品《許個願吧！大喜》拿下該獎項的「最佳少女漫畫」。他們紛紛先以作品拿下素有「華文漫畫界奧斯卡」之稱的金龍獎，當做打開知名度的手段後，進而爭取中國漫畫雜誌連載的機會，作為進入大陸市場的敲門磚。

於二〇〇四年設立的金龍獎，全名為金龍獎原創漫畫動畫藝術大賽，是由中國大陸著名的漫畫雜誌《漫友》發起主辦，為鼓勵華語原創漫畫、動畫的創作和發展，後在獲得中國官方認可下，遂成為中國的國際性專業比賽，也成為近來兩岸三地華人年輕漫畫家兵家必爭之地。

友善文創總經理王士豪表示，中國幅員廣大，漫畫雜誌如《漫友》、《知音漫客》的周發行量都超過卅萬份，也需要大量供稿，讓不少急需舞台發揮的台灣漫畫家紛紛靠攏；而台灣漫畫家也因為語言因素，占盡初期優勢。

台灣漫畫家受到中國大陸市場的青睞，始於一九九〇年代曾在台灣大放光芒的漫畫家蔡志忠、朱德庸、敖幼祥等人。這些前輩漫畫家不僅在對岸受到國家級高規格對待，也紛紛成立專屬工作室、專屬博物館。

台北國際書展動漫館策展人夏曉雲表示，杭州近年被官方指定為動漫產業重點城市，每年投注超過五千萬人民幣推廣動漫活動，也廣納多位知名台灣漫畫家，讓他們有能夠延續創作的舞台。

其中，朱德庸一九九九年進軍大陸，將過去在台灣發表過的知名作品《雙響炮》、《澀女郎》，再度搬到大陸市場，在中國大陸賣出超過一千萬冊的銷量，後來還授權改編電視劇。杭州政府甚至在主辦的中國國際動漫節，連續三年以「朱德庸日」為號召，更耗資十三億打造朱德庸幽默博物館。

蔡志忠曾以《莊子說》、《老子說》在華文世界賣出四千多萬冊，現也有許多時間在杭州創作，一年還能畫上十二本漫畫，並開發成手機漫畫在大陸問世。

執筆／江家華

兩岸交流大事年表

時間	事件
一九四九年	國民政府來台。
一九八七年	中華民國解除戒嚴令。台灣開放大陸探親。
一九九一年	兩岸各自成立海基會和海協會。
一九九三年	第一次辜汪會談。
二〇〇一年	廈門和金門、馬祖實施小三通。
二〇〇三年	首次實施台商春節包機。
二〇〇五年	中國國民黨主席連戰、親民黨主席宋楚瑜、新黨主席郁慕明分別率團訪問中國大陸。
二〇〇八年	兩地實現直接通航和常態包機。「兩岸一日生活圈」具體成型。
二〇〇九年	大陸海峽兩岸旅遊交流協會發布公告，推出大陸居民赴台旅遊新措施。
二〇一〇年	兩岸簽署「兩岸經濟合作架構協議」（ＥＣＦＡ）。
二〇一一年	大陸居民赴台自由行正式啟動。 教育部公布《大陸地區人民來台就讀專科以上學校辦法》，首批陸生來台。

製表／黃奕瀠

台灣夢
人人擁有平等機會
懷抱希望追尋夢想
執筆／黃奕瀠、朱芳瑤

從十八世紀歐洲人移民美國開始，「美國夢」代表的是：一個機會均等的國度。二〇一二年九月美國民主黨全國大會上，美國總統夫人蜜雪兒・歐巴馬演說時表示，「美國夢」就是要讓「每個人都有同樣的機會，不論出身、來歷、長相，以及所愛的是誰，只要努力工作就可以取得成功」。歐巴馬十一月連任總統時，再次重申此論點。

一如美國等先進國家，台灣也是個移民社會。根據內政部統計，台灣新住民人數已達四十七萬人，每百名新生嬰兒的生母，近一成是「新台灣媽媽」，外籍配偶和外籍勞工已經形成一個新興族群或「新移民」現象。

幾百年來的台灣史幾乎都從「唐山過台灣」開始談起，族群融合是數百年來不曾中斷的現在進行式，從閩粵移民下南洋，到橫渡黑水溝，胼手胝足開創新生活，在那之前有西班牙、荷蘭文化進入，之後有日本政權到來，及一九四九年後國府遷台。

不同的外來文化匯聚成島嶼根底，不同族群文化在台灣落腳生根，成為今日多元美麗的台灣，讓人懷抱夢想，也讓人有了平等實踐的機會。

整理／黃奕瀠

台灣解嚴迄今廿多年，外籍配偶和外籍勞工等「新移民」已形成一個新興族群，如同美國以「美國夢」為精神，強調人人在這塊土地上擁有平等機會，在台灣落地生根的人們或是初來乍到的新住民，大家的「台灣夢」是什麼？

拍攝《麵包情人》紀錄片的導演李靖惠，和遠從越南嫁來台灣的外配阮金紅，讓大家看到外配移工的困境，及新住民在寶島找到築夢的動力與勇氣。此外，愈來愈多的新台灣之子，為台灣帶來文化多元樣貌，透過教育工作者、學者、社會團體人士的觀察與觀點，也凸顯出「台灣夢」的核心價值。

浸浴在希望河谷，期待命運轉彎處

「如果你有夢想，你就會再回來。」紀錄片《麵包情人》中，兩位菲律賓移工分享彼此心情，其中一位移工直說，因為想家，結束這個合約後，將不再繼續，但另一位移工提醒她「離家是因為夢想」。耗費十三年拍攝這部紀錄片的導演李靖惠表示，這群移工來台灣無非都因為家人，「不論是賺錢好求得安身立命之所，還是給孩子更好的生活，都是因為夢想而離家。」

目前台灣約有超過四十四萬名移工，其中女性家務移工在台人數已達廿萬，承擔台灣家庭和安養中心的老弱病殘照護工作。她們薪資低廉、工時過長，加上「不得轉換雇主」等諸多不合理條件的限制，勞動環境並不好，但大多數移工卻都不得不咬牙忍受。李靖惠拿起攝影機拍攝她們的故事，讓習於被台灣社會視為可買賣的「家務機器」的移工，喜怒哀樂都能具體現形，提醒我們：「他們是活生生的人。」

台灣移工聯盟於二〇一二年舉辦的移工集會遊行，紅色手套象徵移工流著血汗在台灣打拚的痕跡。（陳志源攝）

例如想家的時候，他們會將自己裝進行李箱；他們身上沒有家人照片，只有仲介費的借據，「因為仲介說，這是不想家的方法。」他們會跳舞給安養院的老人們看，也會唱歌給植物聽，無法放假時就看著窗外的車輛放鬆心情，他們也會唸詩：「我奔馳浸浴在希望的河谷，深信有滿溢的財富，就在彩虹的那頭，很快很快，我就會到達命運轉彎處。」

同樣懷著夢想來台灣，並期待命運轉彎的是嫁來台灣十三年的阮金紅，恰與李靖惠觀察、拍攝菲律

紀錄片導演阮金紅（左）、李靖惠。（陳君瑋攝）

賓照護工相同的時間長度。一位是台灣女兒、孫女，另一位則是台灣人的媽媽，她們都直接面臨台灣家庭功能的缺口，感受著社會對於這些他者的歧視和默然。當李靖惠聽著這些照顧台灣家人的菲媽們的心聲時，阮金紅則掙扎完成自己成為台灣人的生命故事。但對阮金紅來說，她的台灣夢，差點就成了惡夢。

夫家都不是壞人，只是沒把我當家人

二〇〇〇年，廿一歲的阮金紅背著父母，偷偷到胡志明市找仲介，希望能嫁來台灣。因家裡貧窮，無法讀書，最高學歷只到小五的她，看到村裡那些嫁到台灣的姊姊總穿得漂漂亮亮，看似好命，讓她充滿想像：「我那個時候連自己的社會都不了解，怎麼會認識台灣？就只是想換個世界生活。」然而父親認定「嫁給外國人就是賣給別人」，說什麼也不肯。阮金紅便私逃，透過仲介相親嫁到台灣，原以為命運要轉好，不料，下了這個賭注，翻開來卻不是好牌。

「我前夫家都不是壞人，只不過沒把我當成家人。」阮金紅在這段婚姻中受到許多不公平且不自由的對待，如同被夫家買回來的勞工一般，不是個自主的媳婦，「直到離婚後，我才有機會與社會接觸，學才藝、考機車駕照。」

老天爺沒有虧待阮金紅，她的第二段婚姻很幸福，也受丈夫蔡崇隆影響，拿起攝影機，記錄起「姊妹們」的故事，當起外籍配偶的代言人。而每每提到姊妹們的遭遇，不禁為她們打抱不平的阮金紅，

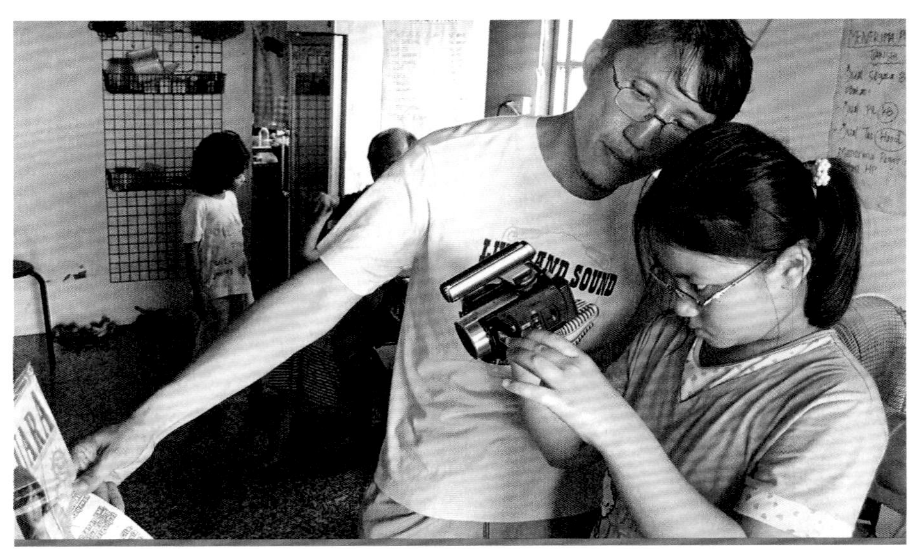

因為太太阮金紅的關係，蔡崇隆成為碧潭國小免費老師，帶著小朋友用DV記錄下外籍配偶在鹿草鄉的生活點滴。（鹿草鄉碧潭國小提供／中時資料照片）

話語也就格外流利順暢，只怕不能一口氣說盡。她恨不得姊妹們的命運也能轉彎，能同樣被好好疼惜對待。

看到共同點，才能有交集

聽到阮金紅的憤慨，李靖惠也不禁語氣高昂起來：「有廿個國家的配偶需要境外面談、結婚。為什麼這些國家要特別被標示出來？」她反問：這種不公平階級如何產生的？許多人以為移工和外配是兩回事，但她認識的一位越南照護工被被照顧者家庭娶回家後，繼續照顧家中其他的老人，「有些跨國婚姻，就只是源於家庭需求、照護需求，因此，從未將外配視為家人看待，不願了解他們的文化，更別說學習。」

真正和這些外籍照護工產生感情的，是那些被照護的老人。「這些菲媽為了親人和夢想，割捨母國情感，他們無法照顧自己的父母，於是把這些老人當成自己的雙親對待。」李靖惠舉了紀錄片中一位移工為例說，老人們也是因為家人無法照顧，才在安養院生活，他們只能依靠這些外籍看護工；即

使平時沉默寡言，但當菲媽們離開時，他們就像突然清醒過來一樣，也會難過。

李靖惠認為，台灣人也是因為想實踐自己的夢想，所以不得不將家人託付給別人照顧，就和這些移工一樣，「因為沒看到共同點，才以為彼此是平行線。」

教「媽媽的話」，讓孩子感到驕傲

正在實踐台灣夢的阮金紅，依然不時到學校教孩子們「媽媽的話」，也鼓勵和她一樣的媽媽們站出來，如此一來，連孩子都會替媽媽驕傲，產生自信，「我仍覺得台灣是個寶島。」

新北市大豐國小國際文教中心主任洪福明也認為，學校教育是公平的，學生也是沒差別的，會影響到學習狀況的並非孩子先天的資質，而是家庭對教養方式意見不一，或者是因為新住民母親的學歷和家庭地位居於弱勢，難以扛起較重的教育責任，「但因為她們清楚自己學歷地位的弱勢，會更要求孩子努力。」

比起學童，大人要融入社會的機會較少，障礙較多，也較困難，因而十多年前從民間開始，專為外籍配偶開設的語言課程便廣為展開。和社區相關連的學校，更是擔負從新住民小孩到大人的教育責任，不論是輔導課程、語言學習或是技職訓練，乃至於讓新住民加入志工隊伍，甚至二〇一二年開始的火炬計畫，在在都讓這些新住民有融入社會並且和社區產生聯繫的機會。

社子國小是內政部新移民火炬計畫的重點學校，校方舉辦多元多語繪本導讀活動。（蘇瑋璇攝／中時資料照片）

林瑞瑛編排了十三種語言的學習教材，供課堂使用，也提供社會大眾學習之用。（陳振堂攝）

成立約三十餘年的大豐國小補校，在近二十年前，開始出現新住民學生，而且逐年增多，超過一半，最終也有了專為外籍配偶開設的華語專班。新住民學習華語看似是要求他們同化，但洪福明卻強調必須在尊重原有傳統文化和語言的情況下，讓她們藉著學習華語來融入社會，「所謂多元文化，更需要尊重新住民原有文化，並且讓母語能夠傳承。」

新住民身分，不等同特殊

因而，這些到大豐國小學習華語或技職的新住民，也都有機會展現自己的傳統文化，同時大豐國小也為孩子開設泰語、越語等語言課程，讓他們也

《四方報》打造發聲平台，五語學堂似冷實熱

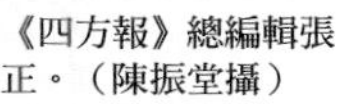

《四方報》總編輯張正。（陳振堂攝）

十九歲的陳明紅在《四方報》當志工，幫助報社整理回覆越南籍外勞及外配信件，讓他們可在《四方報》上與朋友交流。（陳怡誠攝）

台灣的語言學習市場一直是熱鬧滾滾的，美語、日語和歐洲語都各霸一方；這些年拜韓流所賜，連韓語學習都成搶手貨。不過，你可能想不到的是，這半年來，學習東南亞語言的機會也被打開，例如由《四方報》與陳就娣女士紀念中心合辦的「五語學堂」，從二〇一二年秋天開辦至今，已接近第三期，報名情況踴躍，課程很快就額滿。而這些學習者的理由多半因為「想更認識這些文化」，以及「想和在台灣的東南亞移工、配偶親近溝通」。

政治大學廣電系學生吳庭寬便是其一。「我認為要接近一個文化的方式，就是學習它的語言。」吳庭寬有親戚在印尼生活工作，因此對這個國家產生了好奇心，不僅在學校修習相關通識課，還透過擔任《四方報》志工的機會，接觸在台灣的印尼朋友，「和他們說幾句印尼文，他們都會很高興。」他認為，語言是化解隔閡的好工具。

有趣的是，在學校帶吳庭寬認識東南亞文化的政大民族系副教授王雅萍，也是印尼文課的同班同學。這種師生共同學習的熱情，反映東南亞文化語言和現代台灣的親近，而這樣的需求還等著台灣社會的回應。

「開了這些課以後才發覺，台灣的確有對東南亞文化感到好奇的人，只是不主流，畢竟社會氣氛不鼓勵你喜歡東南亞。」《四方報》總編輯張正認為，語言學習是最容易吸引到這群人的，他們甚至能在這裡找到同好。

在《四方報》創辦人成露茜的鼓勵下，張正接下《四方報》的籌辦和編務，希望能打造一個讓移工和外配看得懂又能發聲的媒體平台，而這平台也有推廣東南亞文化的企圖。

不過，為台灣人開辦語言班，倒是在計畫之外。「有一天，陳就娣女士紀念中心負責人李三財跑來找我，說他有硬體資源，要不要一起合作開辦東南亞語言教室？」張正說，李三財是香港僑生，靠著教廣東話和韓語累積了不少經驗資源，希望能夠幫助像他一樣的外籍學生或配偶，於是，五語學堂就這樣開班了。

張正笑說，雖然現在看來是冷門的語言，不過，「誰知道這些東南亞語言將來會不會像韓語一樣，突然熱門起來呢？」

執筆／黃奕瀠

能親近母親們的語言文化。大豐國小共有一五%新住民家庭孩子，更多達十四種不同國籍。藉著新住民教育，大豐國小國際文教中心也建立了整個大文山區的新住民聯絡網絡，不時有新住民志工關心、拜訪新住民家庭，提供相關協助。

新北市中和區興南國小校長李春芳。（陳振堂攝）

「台灣這個移民社會正在擴大，累積並擴充學生的文化資料庫和經驗，有助於增進創造能力。」在一○一學年度開始，新北市興南國小校長李春芳購進了卅台相機供學生拍照，讓他們學習從景框裡觀察社會環境、感受文化差異，而學校附近那充斥各色國族文化的華新（緬甸）街，就是他們的田野地，「當學生擁有自己的媒介，透過不同的角度觀察、吸收、轉化、發表後就會產生個人獨特的想法。」

台灣移民社會的擴大，可從幾個數字中證明：根據內政部至二○一二年十一月為止的統計資料指出，新住民人數已達四十七萬；光是二〇一二年一年，每百對結婚數已有超過七成為外籍配偶，而每百名新生嬰兒的生母就有七名原屬外籍。若從一九九八年開始累計，每百名新生嬰兒的生母，超過九名是「新台灣媽媽」。

新住民人數增加，也意涵著台灣下一代擁有的族群文化多元和多樣。根據教育部統計處資料顯示，一〇一學年度新住民子女就讀中小學人數約有二十萬，而就讀小學的人數便有十六萬，約占國小學生總數的一一%；其中新北市新住民子女就讀小學人數就將近三萬，人數居全國之冠，約占新北市國小學生總數的一二%。

尊重原有文化，改變恩賜心態

位在南勢角的興南國小，就在華新街旁，具新住民家庭背景的學童就占一八．五%，以中國大陸、越南和緬甸居多。外界或許以為學生背景多元、特別，教學上會顯得困難，但興南國小的老師們倒認為，新住民的孩子並沒

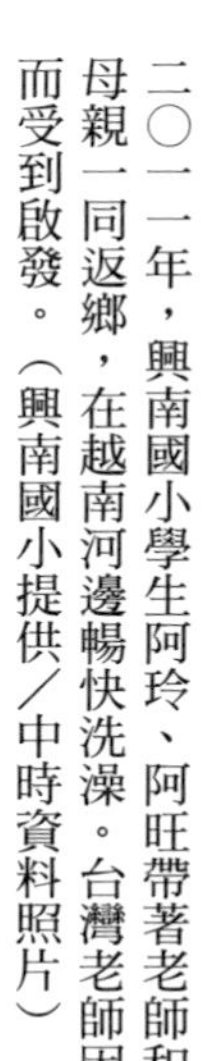
二〇一一年，興南國小學生阿玲、阿旺帶著老師和母親一同返鄉，在越南河邊暢快洗澡。台灣老師因而受到啟發。（興南國小提供／中時資料照片）

地方政府舉辦新住民和移工節慶活動，興南國小校長李春芳提醒：若不注重文化核心價值，恐淪為嘉年華會而已。圖為學童體驗潑水節。（李春芳提供）

有比較特殊，學習情況也相當良好；況且，這些學生從幼稚園就認識了，也習慣同學的各色背景、自然接受多元文化。

「不過，這也有個缺點，他們反而不懂得自身文化的珍貴，如何在族群文化被稀釋後，還能不失去本質，就是學校教育的工作。」李春芳表示，他們正著手檢討本位課程，計畫發展一套由南勢角在地文化出發，而後延伸到新住民文化的課程，讓孩子們能從認識自己開始，再去認識他人。

擁有偏見，不懂得學習的，往往是大人。長期關注新住民文化和教育的立報副總編輯廖雲章表示，媒體對「新台灣之子」的報導多強調負面問題，讓社會對新住民家庭學童有所誤解。一位在嘉義縣大林鄉任教的國小校長就曾對她說，比起一般台灣家庭，新住民母親格外注重教育，孩子也不希望背景特殊或者讓父母被瞧不起，因而更用功，成績通常不差。

教育工作者不免也提出反思：「我們對待其他族群不能只是一種恩賜的態度。」

興南國小校長李春芳以潑水節為例批評，類似這樣的節慶活動在台灣往往成為娛樂消費，像是一場大型的同樂活動，無法讓參與者和大眾理解潑水

賽珍珠基金會
提供機會與發揮空間，協助新住民融入社會

賽珍珠基金會從成立開始，就特別照顧那些看起來特殊的「混血兒」，讓他們藉著各式活動相聚相伴，了解自己並不孤獨，「有人和我一樣」。一九六四年，在中國成長的女作家賽珍珠運用其所得的諾貝爾獎金成立基金會，並在越南、南韓、沖繩、菲律賓、泰國乃至於台灣等亞洲國家成立分會，好幫助世界上遭遇戰爭、飢餓和貧窮的混血兒童。

「在保守的亞洲社會，混血兒總遭側目，甚至是歧視。」賽珍珠常務董事莊禮傳解釋，賽珍珠基金會為何以協助混血兒為目的，正因為混血兒在過去那個時代代表的是一種「不尋常」，通常意指的是女兒和外國人交往的結果，「尤其是美軍駐防時代，更有大批混血兒出生，這些孩子時常面臨父不詳、父親離開或父母離婚的單親處境。不僅母親照顧辛苦，甚且還飽受歧視。」

一九五三年出生的莊禮傳外表幾乎和你我無異，但他也是混血兒。祖父在日治時期從美國來台灣經商，與祖母結婚後，生下了他的父親，「日本統治時期，相當排外，外表特殊的父親也很辛苦。」而他和弟弟妹妹出生後，也因為面容和同儕明顯不同，而感到孤獨，「我在賽珍珠基金會的活動中得到安慰，因為遇到和我一樣的孩子，不再覺得自己特殊。」這樣的組織安撫了這些膚色不同的孩子的心理衝擊，給他們家的感覺。

美國撤軍後，台灣社會也日漸開放，跨國婚姻已是平常，但仍有許多單親家庭孩子需要受照顧，加上外配日益增多，多文化家庭也跟著增加，賽珍珠基金會清楚這些背景的孩子格外敏感，因而延續過往照顧混血兒的方式，繼續關注新住民家庭的孩子。

不過，莊禮傳也強調，對新住民不要特別強調「幫助」，而是應該協助他們融入社會，「她們有自己的文化優勢和專業，如果能讓她們有機會和空間發揮，是為台灣加分。」他以基金會內的通譯和南洋姊妹會的工作人員為例指出，新住民只要得到機會，就能在社會發揮正面力量。

「政府目前雖然給予新住民非常多資源，社會卻沒有足夠的包容力接納她們。」莊禮傳表示，給予新住民職業訓練，卻不提供職缺或刻意壓低薪資，都是目前對新住民不友善的地方。而媒體刻意強化、延伸新住民或移工的負面報導，更降低了社會接納度，這都是應該檢討的地方。

執筆／黃奕瀠

節的文化本質。「它到底是一種祝福，還是成為一種難堪？」他認為，若無法將核心價值撈出來，對多元文化社會建立是沒有幫助的。

姊姊妹妹站出來，扳平不公不義

自越南嫁來台灣的洪滿枝，八年前主動報名南洋台灣姊妹會文化宣講師資培訓，此後陸續參與不少議題倡議行動，埋頭苦讀中文法條，就是為了幫自己、也幫新移民姊妹們發聲。她觀察，「每位新移民姊妹都想參與權益運動，但許多時候會面臨夫家不支持，或承擔經濟壓力，必須忙著賺錢養家的難題。」

洪滿枝現在是南洋台灣姊妹會副理事長，她說，新移民姊妹們在台灣落地生根，應該多走出來，了解台灣社會，扳平法律對新移民不公平的對待，或爭取應有的權益，「自己不講出來，別人不知道。」

無奈現實中的種種挑戰，也挑戰著新移民婦女有否機會為自己發聲？台灣國際家庭互助協會主任李丹鳳就說，若沒有家人支持，新移民婦女可能連

走出來都有困難。

早在二〇〇四年左右，國際家協前身、蘆荻社區大學的「國際家庭方案」在開設越洋媳婦中文班時就發現，前來學中文的新移民姊妹，台灣先生多半跟著來「陪讀」，原因是不放心另一半在外學習，究竟是學什麼東西。看到這種情況，社大另外組成新移民女性的老公團體，目的是希望鼓勵夫妻倆進行社會參與，甚至投入倡議。

有不少姊妹是「心有餘而力不足」，滿腔熱血被生活重擔覆蓋。李丹鳳指出，有許多新移民婦女不僅是家中經濟支柱，連母國娘家也靠她們支持，她們天天在工廠裡加班，就是為了有更多收入，也因而難有時間參與社會運動。洪滿枝說，有些新移民姊妹為了參與行動，必須特別向雇主告假。

跨國遷移頻繁，落地生根互尊重

另一方面，中央研究院民族學研究所研究員馮涵棣蒐集與分析多年來與新移民相關的新聞報導，結果發現，由新聞媒體所反映台灣社會對新移民女性的公共論述，正面報導的比例逐年提升。

馮涵棣說，四、五年前的台灣社會，對外籍配偶充滿歧視或憂慮，新移民女性本身乃至於其配偶及家人，都承載了汙名化的標籤，但事實證明，新移民並未造成社會特別的負擔或社會問題，甚至有不少人因為自身的努力發光發熱，為社會、為家庭做出貢獻，令人刮目相看。

外籍配偶變台灣媳婦，為台灣帶進多元文化，圖為一名越南籍配偶在舞蹈競賽中表演傳統舞蹈，舞姿曼妙。（陳怡誠攝）

新住民豐富了台灣文化的內涵。
（李春芳提供）

馮涵棣指出，在全球性跨國移動的趨勢下，遷移是頻繁發生的事，社會大眾對於在台灣落地生根的新移民，應尊重與包容，同時相互學習；撇開膚色、外貌、血統或出身，欣賞對方的能力與特質。

吸納移入族群，這一哩路不能停

人們總說台灣是移民社會，這字眼看起來客觀中性，卻忽略了人才、文化和勞動力一直是流動的現實。既是有移入，必定也有遷出，這是現代社會的常態，也是號稱全球化世界的基礎。因此，若固守既有文化卻不願接納新事物，並不是社會之福；對台灣這個地狹人稠的島國來說，更是可惜了它四面八方都是海洋的開闊性。

至於東南亞移民和配偶的移入，是當代台灣社會最新的融合機會。趨勢專家詹宏志接受《四方報》訪問時曾直言：「這是台灣的新機緣」，「因為這是台灣第一次有機會擁有這麼多來自不同國家的人，這些人都將成為台灣新的視野與資產，震盪出新的文化內容。有了這些雙重文化背景的人，未來台灣與這些國家往來，無論是勞動者、規畫者，甚至是下一代，都將成為前所未有的新力量。」

詹宏志所言甚是。儘管整個台灣社會目前和新住民、移工之間，看似仍有許多待磨合、調整之處，但長遠以來，台灣社會不斷吸納外來文化，將成為今日的文化主體。對東南亞族群的包容、接納甚至是學習，一定是我們最重要、最需完成的一哩路。

執筆／黃奕瀠、朱芳瑤

台灣族群文化移入相關年表

時間	事件
紀元前五千年	台灣已有南島民族文化。
西元前二二一～二〇七年	閩粵地區已有人移民台灣。
西元一六二四年	荷蘭在南台灣建城。
西元一六二六年	西班牙在北台灣建城。
西元一六二八年	福建饑荒，鄭芝龍招徠沿海災區饑民數萬人移民台灣墾殖。
西元一六六一年	鄭成功收復台灣，鄭氏軍隊及眷屬約三萬多人，還有數十萬人東渡，以實臺地。
西元一八九五年	日本殖民台灣，帶入日本文化和現代化建設，也在台灣設立移民村。
西元一九四九年	國民政府接收台灣後，帶來一批軍民，又因敗給中共，又再帶來大批軍民。
西元一九五〇～一九六〇年代	因韓戰、越戰發生，美國在台駐軍，並提供援助，帶入了美國文化。

西元一九九〇年

外籍配偶數目明顯增加。

西元一九九二年

陳水扁總統與原住民族代表簽訂「新夥伴關係」條約。

《就業服務法》通過，允許民間產業引進外勞。

製表／黃奕瀠

回首關鍵每一步

自一九九〇年代解嚴後，在這塊土地上，無論政治、經濟、民生、文化各領域，皆以百花齊放之姿綻現。在原有的基礎上，包容、改變和創新，創造了目前台灣繽紛、多元的樣貌和價值，我們稱此為台灣的新社會力。

回首《台灣關鍵字：十二個社會新動力》系列專題，言論自由是我們的驕傲，整個大華人世界無不想和我們「開講」。「志工」的無私無我、熱心付出，發揮了利他精神。台灣人愛吃「好呷」，飲食文化不但融合廣袤中國的風味，還試著和國際接軌。「紅不讓」的運動精神、「給力」的兩岸交流，更別說當年拿著一個黑皮箱出國到今日不停創新的台灣企業精神，MIT永遠是激勵我們向上、往前的動力。

被視為傳統保守的農業，在今日透過科技媒介開創新局，高歌「無米樂」。「快活」講求生活品質，省思如何活得開心、活得健康。「那魯灣」彰顯原住民文化如何從邊緣反轉入主流市場，藉由流行音樂來倡論族群議題。「台客」談的是一個原有負面意涵的字詞，如何透過文化的力量，顛覆悲情、轉為自我認同，不論哪個族群的文化，只要融合後，從這土地生長出來，就具有本土精神。「保庇」的民俗信仰，帶來心靈寄託。

「台灣夢」更是一種宣示，不論是來自哪裡的語言文化，都是積累台灣多元的文化土壤，不論從哪裡來的人民，只要在這塊土地上，都應該有實現夢想的平等機會。

就在這樣多元融合、無所不包的生機蓬勃大環境中，我們的步履不斷隨著時代巨輪向前行。

執筆／黃奕瀠

社會人文GB 361

台灣關鍵字
12個社會新動力

國家圖書館出版品預行編目資料

臺灣關鍵字：十二個社會新動力／中國時報編輯部調查採訪室作. -- 第一版. -- 臺北市：天下遠見, 2013.02
面； 公分 --（社會人文；361）

1.臺灣文化 2.創意

ISBN 978-986-320-136-6（平裝）

733.4　　102002064

作者／中國時報編輯部調查採訪室
社長／王美玉
副社長兼總主筆／張景為
總編輯／王嶠奇
策畫／張瑞昌、何榮幸
執行小組／謝錦芳、張翠芬、江慧真、楊舒媚
林上祚、黃奕瀠、高有智

出版事業部總編輯／許耀雲
總監／吳佩穎
專案副主編／李孟珍
封面暨內頁設計／劉曜徵（特約）

出版者／天下遠見出版股份有限公司
創辦人／高希均、王力行
遠見・天下文化・事業群　董事長／高希均
事業群發行人／CEO／王力行
版權部經理／張紫蘭
法律顧問／理律法律事務所陳長文律師 著作權顧問／魏啟翔律師
社　址／台北市104松江路93巷1號2樓
讀者服務專線／（02）2662-0012
傳　真／（02）2662-0007；2662-0009
電子信箱／cwpc@cwgv.com.tw
直接郵撥帳號／1326703-6號　天下遠見出版股份有限公司

製版廠／東豪印刷事業有限公司
印刷廠／吉鋒彩色印刷股份有限公司
裝訂廠／晨捷印製股份有限公司
登記證／局版台業字第2517號
總經銷／大和書報圖書股份有限公司　電話／（02）8990-2588
出版日期／2013年2月27日第一版第1次印行

定價／400元
ISBN：978-986-320-136-6
書號：GB 361

天下文化書坊 http://www.bookzone.com.tw